BestMasters

Mit **„BestMasters“** zeichnet Springer die besten Masterarbeiten aus, die an renommierten Hochschulen in Deutschland, Österreich und der Schweiz entstanden sind. Die mit Höchstnote ausgezeichneten Arbeiten wurden durch Gutachter zur Veröffentlichung empfohlen und behandeln aktuelle Themen aus unterschiedlichen Fachgebieten der Naturwissenschaften, Psychologie, Sozialwissenschaften, Technik und Wirtschaftswissenschaften. Die Reihe wendet sich an Praktiker und Wissenschaftler gleichermaßen und soll insbesondere auch Nachwuchswissenschaftlern Orientierung geben.

Springer awards **“BestMasters”** to the best master’s theses which have been completed at renowned Universities in Germany, Austria, and Switzerland. The studies received highest marks and were recommended for publication by supervisors. They address current issues from various fields of research in natural sciences, psychology, social sciences, technology, and economics. The series addresses practitioners as well as scientists and, in particular, offers guidance for early stage researchers.

Bruno Engelhardt

Globale IT-Konzerne: Giganten einer schnelllebigen Branche

M&A Aktivität in einem hochdynamischen Umfeld

Springer Gabler

Bruno Engelhardt
Universität Leipzig
Leipzig, Deutschland

ISSN 2625-3577 ISSN 2625-3615 (electronic)
BestMasters
ISBN 978-3-658-49619-7 ISBN 978-3-658-49620-3 (eBook)
https://doi.org/10.1007/978-3-658-49620-3

Die Deutsche Nationalbibliothek verzeichnet diese Publikation in der Deutschen Nationalbibliografie; detaillierte bibliografische Daten sind im Internet über https://portal.dnb.de abrufbar.

Planung/Lektorat: Karina Kowatsch
Springer Gabler ist ein Imprint der eingetragenen Gesellschaft Springer Fachmedien Wiesbaden GmbH und ist ein Teil von Springer Nature.
Die Anschrift der Gesellschaft ist: Abraham-Lincoln-Str. 46, 65189 Wiesbaden, Germany

Zusammenfassung

Diese Arbeit wertet mehr als 49.000 Datensätze zu M&A Deals der IT-Branche zwischen 1990 und 2019 aus, um diese auf unterschiedliche Charakteristiken hin zu untersuchen. Dabei wurde vor allem ein Augenmerk auf die Regionale Verteilung der Käufer- und Ziel-Unternehmen gelegt und deren Überschneidungen betrachtet. Des Weiteren wurde die Entwicklung der Branchen-M&A-Aktivität anhand der Absoluten Häufigkeiten in den einzelnen Jahren und der zugehörigen mittleren Transaktionswerte ausgewertet. Es wurden außerdem weitere Variablen wie Öffentlichkeitsstatus der beteiligten Unternehmen, Deal-Form oder Zahlungsstruktur analysiert. Der Datensatz ließ ebenfalls zu, die Motivationen hinter den M&A Transaktionen weitreichend auszuwerten.

Es wurde festgestellt, dass IT-Unternehmen vorwiegend in den jeweiligen Primärmarkt mittels M&As investieren und ihre Ziele zum einen selten aus anderen Nationen oder Regionen erwerben und zum anderen sich auf andere Unternehmen fokussieren, die ebenfalls aus der IT- und High-Tech-Branche stammen. Dies deckt sich mit dem Bild bisheriger M&A-Studien zu Unternehmenskulturellem und Technologischem Fit. Jedoch konnte in den letzten Jahren des betrachteten Zeitraums eine Trendwende festgestellt werden, der auf eine zunehmende Diversifizierung von großen IT-Konzernen hindeutet.

Allgemein ist die M&A-Aktivität der Branche gemessen an Absoluten Zahlen seit 2007 rückläufig, wobei die Transaktionswerte im Mittel steigen. Interessant ist auch, dass die nahezu exponentielle Entwicklung der 90er Jahre in den westlichen Staaten etwa 15 Jahre zeitversetzt auch in China beobachtet werden konnte. Nordasien hat dabei Nordamerika in den letzten Jahren des betrachteten Zeitraums als führende Region, gemessen an der Transaktionszahl je Jahr, abgelöst.

Schlüsselwörter: IT · Technology · M&A · Refinitv

Inhaltsverzeichnis

Abkürzungsverzeichnis

B2B	Business to Business
CERN	Europäische Organisation für Kernforschung
EBIT	Earnings Before Taxes and Interest
ERP	Enterprise Resource Planning
GICS	Global Industry Classification Standard
ICB	Industry Classification Benchmark
IPO	Initial Public Offer – Börsengang
IT	Informationstechnologie
LSEG	London Stock Exchange Group
M&A	Mergers and Acquisitions – Fusionen und Akquisitionen
R&D	Research and Development – Forschung und Entwicklung
TRBC	The Refinitiv Business Classification

Abbildungsverzeichnis

Tabellenverzeichnis

1 Einleitung

World Wide Web, Smartphones, Cloud und Block Chain Technologie, digitale Währungen, künstliche Intelligenz und Large Language Models – keine Branche erfindet sich so oft neu und ist heutzutage so von großen Innovationssprüngen geprägt wie die Technologiebranche.

Dabei ist das Unternehmensumfeld der Branche unglaublich divers, von kleinen innovativen Start-Ups, die versuchen mit ihren Technologien neue Märkte oder Nischen zu erschließen, bis hin zu Großkonzernen wie Alphabet, Meta, Tencent oder SAP, die ganze Ökosysteme an Hard- und Software anbieten. Der Innovationsdruck der Branche schafft dabei Räume, die junge Unternehmen füllen, und fordert von den etablierten Unternehmen ein hohes Maß an Anpassungsfähigkeit, um kontinuierlich wettbewerbsfähig zu bleiben. Fusionen und Akquisitionen, kurz M&As, sind dabei ein unabdingbares Werkzeug, um neue Technologien zu erwerben, Märkte zu erschließen oder bestehende Marktanteile abzusichern sowie auszubauen.

Die resultierenden M&A Deals bieten eine Grundlage, um eine Vielzahl an Forschungsfragen abzuleiten und zu ergründen. Sei es Erfolgsdeterminanten zu erschließen, das Verhalten zu charakterisieren oder Motive für M&As zu erforschen. Diese Arbeit fügt sich in dieses Forschungsgebiet ein und setzt sich mit der IT-Branche und deren M&A Aktivität auseinander. Dazu wird im Folgenden einleitend der Begriff IT definiert und anschließend das hoch dynamische Branchenumfeld umrissen.

B. Engelhardt, *Globale IT-Konzerne: Giganten einer schnelllebigen Branche*, BestMasters, https://doi.org/10.1007/978-3-658-49620-3_1

1.1 Informationstechnologie

Informationstechnologie, kurz IT, ist zu einem fundamentalen Bestandteil von Gesellschaften in Industrie- und Schwellenländern geworden. Heutzutage durchzieht Informationstechnologie Privatleben, Unternehmen und Wissenschaft gleichermaßen und generiert kontinuierlich wachsende Datenmengen. Diese ermöglichen Unternehmen und Forschern neue Erkenntnisse zu gewinnen, zu wachsen und neue Felder zu erschließen.

IT in Unternehmen beginnt bei einfachen Office Produkten und Computern, erstreckt sich weiter über große ERP-Systeme und Server, bis letztlich hin zu vollständig vernetzten Produktionen und Lieferketten, die an große Rechenzentren angeschlossen sind. Für moderne Unternehmen entwickelt sich IT zum Erfolgsdeterminanten und bedarf seit Jahrzehnten einer steigenden Aufmerksamkeit des Managements. Diese Entwicklung ist nicht zuletzt auch durch sämtliche beteiligte Stakeholder bedingt, da der momentane Generationenwechsel Menschen in Unternehmen und Positionen bringt, die mit Smartphones, Computern und zuletzt auch IoT-Geräten aufgewachsen sind und diese ebenfalls in einer Unternehmenslandschaft weiterdenken. Weitere Faktoren wie Fachkräftemangel und Kostendruck von Importierten Gütern verschärfen diesen Trend zusätzlich.

Im Sinne dieser Arbeit umfasst Informationstechnologie als Ganzes dabei die elektronische Verarbeitung von Daten. IT setzt sich aus den beiden Begriffen Information und Technologie zusammen. Technologie umschreibt die Gesamtheit von Hardware und Software die notwendig ist, um Daten elektronisch zu speichern, analysieren und auszuwerten. Während Informationen kontinuierlich durch Menschen, Umwelt und deren Interaktionen miteinander generiert werden und in Form von Daten digital abgelegt werden.

Die sich davon ableitenden Business-Cases liegen in der Auswertung dieser Daten und wie mit diesen neuen Informationen Mehrwerte generiert werden können – Mehrwerte für Unternehmen, Anwender und Forschung gleichermaßen. Unternehmen der Branche beschäftigen sich entsprechend damit ein wachsendes Ökosystem zu schaffen, dass es Ihnen ermöglicht Daten zu erfassen und zu verwerten. Hierbei sind physische Produkte, wie Laptops, Smartphones oder Tablets genauso von Bedeutung wie digitale Anwendungen wie Mailprogramme, Suchmaschinen oder Sprachassistenten.

1.2 Dynamik der IT-Branche

Die Dynamik der Branche, die über die Jahre immer mehr an Fahrt gewann, ist dabei nahezu unvergleichlich. Der Transistor wurde 1947 erfunden und legte damit die Grundlage für Halbleitertechnik und integrierte Schaltkreise. Gordon E. Moore formulierte 1965 basierend auf seinen Beobachtungen was weitgehend als Moore's Law bekannt ist. Es sagt vorher, dass sich die Anzahl an Transistoren in einem Schaltkreis in einem bestimmten Intervall regelmäßig verdoppeln. 1969 wurde das Arpanet als Vorgänger des World Wide Web und Grundstein des Internets vorgestellt und erfolgreich getestet. Ab 1989 und insbesondere 1990 entwickelte Tim Berners-Lee am CERN Institut das World Wide Web und beschrieb dabei erstmals die Konzepte dahinter wie „Hypertext Documents" die mittels „Browsern" dargestellt werden können (CERN, 2024). Drei Jahre später öffnete Berners-Lee den Quellcode des World Wide Web von wo an die Popularität enorm schnell anstieg – während Ende 1993 etwa 500 Webserver im WWW aktiv waren, waren es ein Jahr später schon mehr als 10000 mit etwa 10 Millionen Nutzern. Erste Personal Computer hielten bereits in den 70er Jahren Einzug in Unternehmen und Haushalte, beispielsweise mit dem Apple II von 1977. 30 Jahre später leitete der Apple Konzern 2007 mit dem iPhone eine Revolution hin zu Smartphones ein, die als ständiger Begleiter Zugang zum Internet schaffen und damit einen völlig neuen Raum für Geschäftsmodelle eröffneten. Werbung im digitalen Bereich, bei Websuchen, in Karten-Applikationen oder sozialen Medien. Lieferdienste die digital geordert werden und gewünschte Produkte innerhalb weniger Stunden liefern. Aber auch enorme Technologie-Anbieter von Cloud-Dienstleistungen, um beispielsweise für Privatkunden Bilder zu speichern und synchronisieren. Oder auch im B2B-Segment, um Anwendungen zu dezentralisieren oder große Sprachmodelle (Large Language Models) wie ChatGPT oder Gemini zu trainieren.

Dieser kurze Einblick verdeutlicht die Dynamik der Branche und die mittlerweile sehr kurzen Entwicklungszyklen verglichen mit älteren Branchen wie der Automobilindustrie.

1.3 Dynamik als Risikofaktor

Die Schnelllebigkeit und die Dynamik der Kundenanforderungen an neuere schnellere und individuellere Erlebnisse stellen für Unternehmen der Branche einen erheblichen Risikofaktor dar. Dies wird unter anderem aus den Jahresabschlussberichten wie beispielsweise den 10-K Formularen der US-Unternehmen ersichtlich. So schreibt Googles Mutterkonzern Alphabet in seinem 2023er Formular, dass diese „ohne weitere Innovation für ihre Produkte und Services, die nützlich für ihre Nutzer, Kunden und andere Partner sind, möglicherweise nicht kompetitiv bleiben können […]“. Alphabet beschreibt das Branchenumfeld weiter als „sich rapide entwickelnd und enorm wettbewerbsintensiv“. Wandelnde Technologien und Kundenanforderungen bedürfen einer kontinuierlichen Entwicklung und Anpassung der eigenen Produkte und Geschäftsmodelle.

SAP, ein großer deutscher ERP-Software-Anbieter, konkurriert im Cloud-Segment mit Unternehmen wie Oracle, Google oder Amazon Web Services und beschreibt ebenfalls, in seiner Analyse zu strategischen Risiken, das Branchenumfeld als zunehmend kompetitiv und betont die Notwendigkeit von ständigen Innovationen, um in der Branche bestehen zu können (SAP SE, 2024). Ähnliche Passagen finden sich auch in den Finanz- und Jahresabschlussberichten von Amazon, Meta, Microsoft, Sony, Tencent, etc. und bezeichnen die Dynamik und den hohen Grad an Wettbewerb im IT-Sektor stets als Risikofaktoren.

Microsoft verdeutlicht in ihrem 10-K Formular zum Fiskaljahr 2023/2024 außerdem das breite Feld an Unternehmen im IT-Sektor. Die Wettbewerber umfassen dabei sowohl globale diversifizierte Konzerne mit umfangreichen Forschungs- und Entwicklungsressourcen als auch kleine spezialisierte Unternehmen (Microsoft Corporation, 2024). Weiterhin betont Microsoft die niedrigen Einstiegshürden der Branchen, in denen es tätig ist und die damit verbundenen rapiden Entwicklungen.

Und auch in der Fachliteratur wurde die Branche als hoch-riskant beschrieben, verbunden mit einer hohen Unsicherheit über deren zukünftige Entwicklung, bei einem ebenso starken Wachstum (Kohers & Kohers, 2000).

1.4 „Other Bets“

Und um in diesem Umfeld zu bestehen, setzen Unternehmen der Branche zum einen auf eine intensive Forschung und Entwicklung und zum anderen auf Akquisitionen und Fusionen, oder wie Alphabet seine Aktivitäten beschreibt: „Other Bets“, zu Deutsch „andere Wetten“.

Dabei kommt in dieser Bezeichnung für Alphabets Investitionen auch das große Spannungsfeld von Chancen und Risiken zu tragen. Es verdeutlicht, wie große Unternehmen in andere Firmen investieren, um von deren potenziellen Technologien zu profitieren, bei einer gleichzeitig hohen Unsicherheit über zukünftige Trends und Entwicklungen. Diese M&A Aktivitäten werden zentraler Bestandteil der nachfolgenden Arbeit, die sich damit befasst einen Datensatz mit mehr als 49.000 M&A Deals auszuwerten – dazu jedoch mehr in den Kapiteln 3 und 4.

Literatur Review 2

Da nun die Dynamik der Branche beschrieben und der Begriff der Informationstechnologie im Sinne dieser Arbeit definiert wurde, beschreibt dieser Abschnitt zunächst verschiedene Industrie-Klassifizierungsmodelle, die einerseits in der Forschung und andererseits in der Wirtschaft genutzt werden. Dabei wird darauf eingegangen, wie die IT-Branche im jeweiligen Modell klassifiziert wird. Anschließend wird die bisherige Studienlage zu M&As in High-Tech-Branchen beleuchtet und kritisch hinterfragt, um darzulegen in welches Umfeld sich diese Arbeit einordnet.

2.1 Industrie-Klassifizierungsmodelle

Trotz dessen Omnipräsenz ist IT interessanterweise kein häufig vertretener Begriff in der Fachliteratur. Stattdessen wird vermehrt von „High-Tech", also hochtechnologisierten Branchen gesprochen, die meist auch Industrien wie die Chemie oder den Flugzeugbau umfassen. Oder es werden die einzelnen Hard- und Software Industrien, wie die Computer Industrie, distinkt betrachtet. Die Fachliteratur in den Bereichen der Wirtschaftswissenschaften sieht hierbei möglicherweise nicht wie verstrickt Hard- und Software mittlerweile sind, wie Chip-Design beispielsweise einen direkten Einfluss auf die möglichen Anwendungsfälle für künstliche Intelligenz oder Floating Point Berechnungen hat, sodass man diese Industrien nur bedingt voneinander trennen kann. Daher versucht diese Arbeit an diesem Punkt anzusetzen und IT als gesamtheitliche Branche zu betrachten und diese gleichzeitig von anderen High-Tech Branchen abzugrenzen.

B. Engelhardt, *Globale IT-Konzerne: Giganten einer schnelllebigen Branche*, BestMasters, https://doi.org/10.1007/978-3-658-49620-3_2

2.1.1 Fama French Klassifizierung

Ein Grund für die differenzierte Betrachtungsweise in der wirtschaftswissenschaftlichen Fachliteratur liegt in der oft verwendeten Klassifizierung nach Fama und French. In vielen Analysen, Auswertungen und Regressionsmodellen der M&A Literatur beispielsweise, wird auf das Industriemodell von Fama-French zurückgegriffen, um Branchen zu klassifizieren.[1] Dieses sieht in seinen 48 Industrien aber weder eine IT-Branche noch eine Software-Industrie vor und unterteilt stattdessen in Chips, Computer, Telekommunikation und Business Services (Fama & French). Letzteres umfasst dabei ein so breites Spektrum, dass neben Softwareentwicklung auch Werbung, Marketing oder etwaige Consulting Services enthalten sind. Während Werbung einen wichtigen Bestandteil vieler Geschäftsmodelle von IT-Unternehmen darstellt[2], lassen sich andere „Business Services" nur schwer der Branche zuordnen und bilden somit kein klares Bild der Branche ab. Dies wäre jedoch sinnvoll in Anbetracht der Stellung, die die Branche in einer heutigen Dienstleistungsgesellschaft hat. Dies verdeutlich sich auch in Hinblick auf die Bewertung von Unternehmen an der Börse, wobei die Tech-Industrie die Top Zehn, der am höchsten bewerteten Unternehmen klar dominiert.

2.1.2 Global Industry Classification Standard

Eine Branchen-spezifischere Klassifizierung heranzuziehen, um die Signifikanz von Software und dessen Zusammenspiel mit entsprechender Hardware abbilden zu können, könnte zu einer akkurateren Einordnung entsprechender Unternehmen in die Gesamt-Ökonomie beitragen und neue Erkenntnisse über diese enorm dynamische höchst-bewertete Branche liefern. Die Notwendigkeit wurde insbesondere innerhalb der Finanzwirtschaft erkannt und es wurden neue marktbasierte Standards zur Klassifizierung von Industrien entwickelt.

Der US Finanzdienstleister MSCI entwickelte 1999 gemeinsam mit der US Rating Agentur S&P den Global Industry Classification Standard (GICS). Er umfasst in aktueller Fassung elf Sektoren mit 25 Industriegruppen, 74 Industrien und 163 Subindustrien (MSCI, 2024). Informationstechnologie ist einer der

[1] Beispielsweise BENA und LI (2014).

[2] Im 10-K Formular 2023 gab Alphabet Inc. an über 75 Prozent ihrer Umsätze durch Werbung auf ihren Plattformen zu generieren. Auch der Meta-Konzern zeichnet ein ähnliches Bild ab, wobei im Fiskaljahr 2023 von etwa 40 Milliarden US-Dollar Umsatz mehr als 38 Milliarden Dollar auf Werbung entfallen Meta Platforms Inc. (2024).

elf Sektoren und war schon in der ersten Fassung von 1999 enthalten. Weitere Sektoren sind, neben Gesundheitswesen, Immobilien oder Energie, unter anderem Finanzunternehmen und Kommunikationsdienste.[3] Die beiden zuletzt genannten Sektoren zeigen dabei einige Herausforderungen der aktuellen Klassifizierung auf.

Betrachtet man beispielsweise die aktuellen Entwicklungen im Bereich des Finanzwesens, zeigt die aufstrebende Fintech-Branche deutlich auf, dass sich Informationstechnologie und Finanzdienstleistungen zunehmend überschneiden und eine klare Zuordnung nach GICS immer schwieriger wird.

Ein weiterer Punkt ist die Trennung von Informations- und Kommunikationstechnologie im Global Industry Classification Standard. Beides lässt sich nur bedingt voneinander trennen, das wird noch deutlicher, wenn man die Industriegruppen und Industrien im Sektor Kommunikationsdienste betrachtet. Hier werden Medien und Unterhaltung zugeordnet zu denen auch Werbung und Home Entertainment zählen. Insbesondere diese beiden Industrien sind zum Teil Hauptbestandteil der Geschäftsmodelle großer IT-Konzerne, die digitale Werbung auf ihren Medien Plattformen vertreiben, seien es Soziale Netzwerke wie Facebook oder Instagram des Meta-Konzerns oder Videoplattformen wie YouTube des Google-Konzerns Alphabet.

Dennoch stellt der GICS eine deutliche Verbesserung gegenüber dem Fama-French Modell dar, da der Informationstechnologie-Sektor sowohl Soft- als auch Hardware-Industrien umfasst.

2.1.3 Industry Classification Benchmark

In Konkurrenz zum GICS steht der von der FTSE-Gruppe 2004 entwickelte Industry Classification Benchmark (ICB). Die FTSE International Limited ist ebenfalls ein Finanzdienstleister der mittlerweile zur London Stock Exchange Group (LSEG) gehört und unter der Marke FTSE Russel Indizes lizensiert.

Der ICB ähnelt dabei stark dem GICS, vertauscht jedoch die Begrifflichkeiten im Vergleich zu diesem. So werden im Industry Classification Benchmark elf Industrien definiert mit 20 Supersektoren, 45 Sektoren und 173 Subsektoren (FTSE Russell, 2024). Die elf Industrien im ICB gleichen nahezu exakt den elf Sektoren des GICS. Ebenfalls sind die Bereiche „Technologie“ und „Telekommunikation“ voneinander getrennt, wobei sich auch die leicht andere Wortwahl zeigt.

[3] Die vollständige Liste mit offiziellen Übersetzungen in 10 Sprachen ist über die englische Webseite von MSCI abrufbar.

Interessant sind jedoch in diesem Zusammenhang auch die Industrie Codes, welche die Nummerierung der elf Industrien darstellen. Hierbei ist Technologie mit der 10 codiert und Telekommunikation mit der 15. Während Gesundheitswesen die 20 trägt und die nächste Codierung mit der 30 auf das Finanzwesen entfällt. Es fällt also auf, dass die ersten beiden Industrien in ihrer Codierung enger beieinander sind und damit deren Nähe indirekt abgebildet wird. Nach diesem Muster der kleineren Inkremente von fünf anstatt zehn, sind auch die restlichen Industrien sortiert. Der GICS hingegen nutzt kein derartiges Detail und codiert stets in fünfen Inkrementen seine elf Sektoren.

Weitere Unterschiede zwischen beiden Klassifizierungen ergeben sich in den Sub-Klassen, weshalb beide Modelle je Ebene leicht unterschiedlich viele Klassen definieren. Die Technologie-Industrie des ICB weist aber ebenfalls sowohl Hard- als auch Softwaresektoren aus, weshalb der Industry Classification Benchmark gegenüber dem GICS in diesem Bereich weder nennenswerte Vor- noch Nachteile hat.

2.1.4 Klassifizierung nach TRBC

Die im Rahmen dieser Arbeit verwendete Datenbank von Refinitiv gehört, wie die FTSE-Group, ebenfalls zur London Stock Exchange Group. Dennoch nutzt diese aus ihrer Historie heraus nicht den Ansatz nach ICB, sondern einen weiteren, der wie GICS und ICB marktbasiert ist.

TRBC stand früher für Thomson Reuters Business Classification, jedoch seit dem Rebranding der Eikon-Datenbank zur Refinitiv Datenbank für The Refintiv Business Classification. Das TRBC fügt dabei im Vergleich zu den anderen beiden Klassifizierungsmodellen eine fünfte Betrachtungsebene ein. Ähnlich dem GICS gibt es Sektoren und darunter liegende Industrie-Gruppen, Industrien und Aktivitäten, jedoch gibt es dabei nun zwei Sektor-Ebenen. Auf der obersten Ebene sind zehn Wirtschaftssektoren (Economic Sectors) definiert mit 33 darunter liegenden Geschäftsbereichen (Business Sectors). Dies ermöglicht eine feinere Untergliederung und logischere Zuordnung der Geschäftsbereiche zu den zehn Wirtschaftssektoren, die unter anderem auch Regierungsaktivitäten umfassen und sich damit von den elf Sektoren nach GICS und ICB unterscheiden.

Technologie stellt dabei einen der zehn Wirtschaftssektoren dar und umfasst sowohl die Geschäftsbereiche Technologieequipment (Hardware), Software & IT-Services, Financial Technology (Fintech) & Infrastructure als auch Telekommunikations-Services. Das TRBC bietet damit auf der zweiten Ebene eine feinere Einteilung als es die elf Sektoren nach GICS können und fasst diese auf der obersten Ebene aus marktwirtschaftlicher Sicht sinnvoller zu Wirtschaftssektoren zusammen. Damit spiegelt das Modell nach TRBC am besten wider, wie diese Arbeit den IT-Sektor definiert und wird im weiteren Verlauf der Arbeit sowie der Auswertung der Daten aufgegriffen.

2.1.5 Weitere Klassifizierungsmodelle

An dieser Stelle sei außerdem angemerkt, dass noch eine Vielzahl weiterer Klassifizierungsmodelle existieren, die nicht Marktbasiert sind und andere Kriterien zur Kategorisierung von Unternehmen heranziehen. Beispiele dafür wären das North American Industry Classification System (NAICS) oder die Statistische Systematik der Wirtschaftszweige (NACE) der Europäischen Gemeinschaft, die beide wirtschaftliche Aktivitäten statt Marktzugehörigkeiten zugrunde legen (Eurostat, 2024).

2.2 M&A Fachliteratur zur „High-Tech" Branche

Die Fachliteratur zu M&As hat sich bereits einer Vielzahl an Themen angenommen und verschiedene Fragestellungen untersucht. Es wurden unter anderem die Gründe für M&A Transaktionen erforscht, eine Vielzahl an Faktoren und deren Einfluss auf den Erfolg eines Deals, sowie die Auswirkungen von M&A Aktivitäten auf Märkte und Unternehmen (Rossi et al., 2013). In jüngerer Vergangenheit richtete sich dabei der Fokus zunehmend auf aufstrebende „High-Tech" Märkte, die insbesondere durch hohe Forschungs- und Entwicklungsausgaben (R&D) gekennzeichnet sind (Hagedoorn & Duysters, 2002) und zu denen ebenfalls die IT-Industrie zählt. Einige Studien untersuchen daher auch den Zusammenhang zwischen der M&A- und R&D-Aktivität von High-Tech Unternehmen.

2.2.1 Innovationen durch Akquisitionen

Zhao untersuchte beispielsweise, ob technologische Innovation ein treibender Faktor für die M&A-Aktivität von Unternehmen ist und stellte fest, dass kaufende Unternehmen durch weniger Innovation charakterisiert sind (Zhao, 2009). Außerdem profitieren diese Unternehmen dabei am Meisten von innovationsgetriebenen Akquisitionen, sodass sie zu dem Schluss kommt, dass technische Innovation ein Faktor ist, der die Akquisitionsentscheidung beeinflusst. Auch

Ranft und Lord kommen zu dem Schluss, dass „der strategische Einsatz von Akquisitionen zum Erwerb neuer Technologien und Fähigkeiten voraussichtlich ein dauerhaftes und wichtiges Merkmal der gesamten M&A-Landschaft bleiben wird" (Ranft & Lord, 2002). Sie untersuchten in ihrem Paper sieben High-Tech Akquisitionen und entwickelten ein empirisches Modell für den ex-post Transfer von Technologien.

Zu einem anderen Ergebnis kommt Bower bei dessen Artikel „Not all M&As Are Alike – and That Matters" nur ein Prozent der untersuchten Deals zwischen 1997 und 1999 auf Forschung und Entwicklung abzielten (Joseph L. Bower, 2001). Jedoch wurden nur Akquisitionen in den Vereinigten Staaten mit einem Volumen von über 500 Millionen US-Dollar betrachtet, weshalb er selbst vermerkt, dass der Anteil vermutlich größer wäre, wenn man Deals im Bereich von 250 Millionen bis 499 Millionen US-Dollar betrachtet hätte. Er erwähnt dabei unter anderem Cisco in Bezug auf Forschungs- und Entwicklungsakquisitionen, da Cisco in den 90er Jahren in diesem Bereich sehr aktiv war und mehr als 60 Unternehmen erworben hat. Ein Beispiel dafür ist Ciscos Akquisition von StrataCom – einem damals aufstrebenden Dienstleister für Netzwerktechnologie und damit Konkurrenten von Cisco. Hart und Holmström verdeutlichten an diesem Fall, dass die Akquisition und Integration von StrataCom für Cisco notwendig war, um die technologischen Innovationen zu teilen und so die eigenen strategische Ziele zu erfüllen (Hart & Holmstrom, 2010).

2.2.2 Erfolgsfaktoren für M&As

Bena und Li fanden in ihrer Studie 2014 ebenfalls Innovation als einen Treiber für Akquisitionen und charakterisierten die gekauften Unternehmen als R&D aktiv, während Käufer ex-ante geringere Ausgaben für Forschung und Entwicklung aufwiesen. Sie entwickelten zur Untersuchung der Zusammenhänge ein Regressionsmodell und nutzten dafür Daten zu M&A Deals in den USA zwischen 1984 und 2006 aus der Thomson SDC Datenbank sowie einen umfangreichen Patentdatensatz. Sie fanden dabei weiterhin, dass technologische Überschneidung sich positiv auf die Erfolgswahrscheinlichkeit eines Deals auswirkt. Eine weitere Erkenntnis war jedoch, dass Unternehmen die sich nicht nur technologisch, sondern auch in ihren Produktmärkten überschneiden, also als Rivalen agieren, weniger wahrscheinlich fusionieren oder einander erfolgreich akquirieren (Bena & Li, 2014).

Dies deckt sich auch mit weiteren Studien, die den ex-post Einfluss von M&As auf die Entwicklungsaktivität untersuchten (Cassiman et al., 2005; Cassiman &

Veugelers, 2002). Substituierbare Technologien sorgten den Ergebnissen zufolge für eine reduzierte Forschung und Entwicklung nach der Akquisition und auch das Effizienzwachstum falle dabei geringer aus.

Dass die Ähnlichkeit der beteiligten Unternehmen eine tragende Rolle spielt, zeigten auch Hagedoorn und Duysters. Sie untersuchten die Langzeiteffekte von strategischer und organisatorischer Ähnlichkeit der Unternehmen ex-ante, gemessen an der technologischen Performance ex-post der Transaktion (Hagedoorn & Duysters, 2002). Sie kommen dabei, wie Bena und Li, zu der Erkenntnis, dass die gekauften Unternehmen sich durch intensive Forschung und Entwicklung charakterisieren und sich eine Übereinstimmung der Unternehmens-Kultur und -Politik positiv auf die Integration des Akquisitionsziels auswirkt.

2.2.3 Weitere Betrachtungen

Andere Paper die die Charakteristika der Deals und beteiligten Unternehmen betrachteten, zeigten außerdem, dass die aufgekauften Unternehmen oft junge, kleine Firmen sind (Benou & Madura, 2005) und der Kauf privater Unternehmen höhere anormale Renditen generiert als die Akquisition öffentlich gehandelter Unternehmen (Kohers & Kohers, 2000). Ebenfalls auffällig in der Studie von Kohers und Kohers war, dass mehr als zwei Drittel der Akquisitionen mittels Unternehmensanteilen oder einer Mischung aus diesen mit Barzahlungen finanziert wurden.

Einen anderen Betrachtungsansatz als die zuvor genannten Paper nutzen Phillips und Zhadanov, die die Auswirkungen des M&A Markts als Ganzes auf die R&D-Aktivität kleiner Unternehmen untersuchten. Ihr Modell zeigt, dass ein aktives M&A Umfeld und die Chance auf eine Übernahme durch ein größeres Unternehmen auch die Forschungsaktivitäten von kleineren Firmen steigert und damit zur Innovation beiträgt (Phillips & Zhdanov, 2012). Dabei nutzten sie ebenfalls Daten der SDC-Datenbank zwischen 1984 und 2006 wie Bena und Li.

2.3 Kritische Beleuchtung der Fachliteratur

Trotz der vielen Forschungsansätze lassen die bisherigen Studien noch viel Raum für weitere Forschung. Denn sie verfolgen oft einen ähnlichen Ansatz, griffen auf ähnliche Datensätze zurück und nahmen eine ähnliche Perspektive auf die M&A Aktivität ein. Das ermöglicht zwar eine gewisse Vergleichbarkeit der Ergebnisse, schränkt den wissenschaftlichen Diskurs jedoch auch zu einem gewissen Grad ein.

Ein Beispiel dafür ist das Alter der verwendeten Daten, denn diese liegen zu einem großen Teil vor der Jahrtausendwende, wobei die jüngsten analysierten Transaktionen im Jahr 2006 stattfanden (Bena & Li, 2014; Joseph L. Bower, 2001; Phillips & Zhdanov, 2012). In einer so schnell wachsenden Branche wie der IT, verändern Innovationen das Branchenumfeld stetig und nachhaltig. Insbesondere in den vergangenen zwei Jahrzehnten verzeichnete die Branche ein extremes Wachstum mit der Einführung der ersten Smartphones ab 2007 oder der steten Digitalisierung hin zu IoT-Geräten. Diese Entwicklung bildet die bisherige Studienlage jedoch nicht ab, weshalb es sinnvoll erscheint die Betrachtungen mit neueren Daten zu erweitern, um den Verlauf der Branche und dessen M&A Verhalten besser zu verstehen.

Dabei lassen sich ebenfalls die neueren marktbasierten Modelle zur Klassifikation von Industrien anwenden. In den genannten Studien wurden meistens Technologie oder Informationstechnologie nicht als eigenständige Branche erfasst, sondern gemeinsam mit Bio-, Medizin- und Pharmatechnologie gemeinsam als High-Tech Industrien untersucht. Beispielsweise in den Studien von Bena & Li oder Zhao, die zur Klassifizierung auf das 48-Industrien-Modell von Fama und French zurückgegriffen. Aus heutiger Sicht kann eine Differenzierung der High-Tech Branchen sinnvoll sein. Denn auch wenn High-Tech Industrien gewisse Gemeinsamkeiten aufweisen, wie beispielsweise ein starkes Wachstum, ein hohes Risiko oder hohe Unsicherheit (Kohers & Kohers, 2000), deckt die Informationstechnologie heutzutage bereits ein enorm breites Spektrum an Unternehmen und Geschäftsfeldern ab, das nach wie vor zu wachsen scheint, betrachtet man die Überschneidung zur Finanzwirtschaft in Form der Fin-Techs.

Es ist auch auffällig, dass die Studien in der Regel in ihren Datensätzen High-Tech Unternehmen als Ziele der Akquisitionen betrachtet haben, aber nur bedingt wie sie als Käufer agieren. Was zu einem gewissen Grad ebenfalls dem Alter der Studien geschuldet sein könnte, da insbesondere vor der kollabierten Dot-Com-Blase im Jahr 2000, die Unternehmenslandschaft deutlich fragmentierter und von vielen Neugründungen geprägt war (O'Brien & Tian, 2006). Studien zu Industrie Lebenszyklen zeigen dabei, dass nach einer enormen Wachstumsphase, die bei Internet-Firmen etwa in den 90er Jahren anzusiedeln ist, ein Shakeout die Marktteilnehmer ausdünnt und einen Übergang zu einem etablierteren Markt schafft (Klepper, 1997). Dieser Übergang ist im IT-Sektor vermutlich erst in der zweiten Hälfte der 2000er abgeschlossen gewesen.

Eine weitere Ebene kommt hinzu, betrachtet man die Regionalität der Studien, deren Daten sich meist auf die Vereinigten Staaten konzentrieren. Dem entgegen hat vor Allem die Präsenz von asiatischen Unternehmen in den vergangenen Jahren im IT-Sektor stark zugenommen und wurden ebenfalls von großen Akquisitionen begleitet, wie der Übernahme des US-amerikanischen Entwicklers Riot Games durch den chinesischen Internet-Konzern Tencent 2011.[4]

Daran zeigt sich, dass die M&A Literatur Räume für weitere Betrachtungen offenlässt. Diese Arbeit versucht daher an den genannten Stellen anzusetzen und den wissenschaftlichen Diskurs zu High-Tech M&As fortzuführen. Der nachfolgende Abschnitt leitet daher anhand der genannten Punkte zur Forschungsfrage dieser Arbeit über und soll klären, was Gegenstand der Untersuchungen dieser Arbeit ist.

[4] Tencent erwarb 2011 die Mehrheitsanteile an Riot Games für über 231 Millionen US$ (Tencent Holdings Limited, 2011) und 2015 die restlichen Anteile.

3 Forschungsfrage

Da nun die M&A Fachliteratur beschrieben und deren Grenzen aufgezeigt wurden, soll hier, sowie in den nachfolgenden Abschnitten, verdeutlicht werden, wo und wie diese Arbeit an der bisherigen Forschung ansetzt, um diese zu erweitern. Die Ausführungen zum Ansatz dieser Arbeit münden schließlich in der Herleitung der Forschungsfrage.

Zunächst ist das Ziel dieser Arbeit ein größeres Bild einzufangen und zu beleuchten, als es die bisherigen Studien getan haben. Ziel ist es das M&A Verhalten der IT-Branche im Verlauf der Entwicklung dieser zu analysieren und darzustellen. Dabei soll ein größerer Zeitraum betrachtet werden, der insbesondere das letzte Jahrzehnt umfasst, welches durch Smartphones, Soziale Medien, Cloud Technologie und viele weitere Entwicklungen geprägt war und der Branche eine wachsende Relevanz und Größe verlieh.

Außerdem sollen in den Betrachtungen auch die M&A Aktivitäten anderer aufstrebender Regionen – neben den Vereinigten Staaten – untersucht werden. Allen voran der Asiatische Raum, dessen rasante Entwicklung mit Hilfe der betrachteten Daten auch quantifiziert werden soll. Dabei liegt der Fokus ebenfalls auf dem Verhältnis der internationalen Akquisitionen zu nationalen Transaktionen und wie diese sich im betrachteten Zeitraum verändert hat.

Da, wie bereits erwähnt, die Branche stark an Relevanz gewonnen hat und stand heute acht der zehn größten Unternehmen der Welt nach Marktkapitalisierung stellt[1], differenziert diese Arbeit den Informationstechnologie-Sektor von anderen High-Tech Unternehmen und richtet seinen Fokus auf dessen M&A Aktivitäten. Dabei soll die Perspektive der IT-Unternehmen als Erwerber anderer Firmen und Branchen in den Vordergrund treten, da sie – gemessen an der Größe

[1] Dazu zählen Apple, Microsoft, NVIDIA, Alphabet, Amazon, Meta Platforms, TSMC sowie Broadcom, gemäß Statista (Stand: 04. Oktober 2024).

B. Engelhardt, *Globale IT-Konzerne: Giganten einer schnelllebigen Branche*, BestMasters, https://doi.org/10.1007/978-3-658-49620-3_3

einiger Branchenvertreter – nicht mehr vorrangig Ziele von Akquisitionen anderer Branchen sind. Stattdessen stehen ihnen zunehmend Möglichkeiten offen sich selbst durch Akquisitionen in anderen Branchen stärker zu diversifizieren, wie beispielsweise mehrere Elektroauto-Projekte von IT-Konzernen zeigen.[2] Dabei ist ebenfalls interessant zu analysieren, wie divers diese Unternehmen Firmen anderer Branchen erwerben und insbesondere auf welche Branchen außerhalb der IT sich die M&A Aktivitäten fokussieren.

Betrachtet man all diese Ansätze, ergeben sich zwei Aspekte, denen diese Arbeit nachgehen möchte. Zum einen soll geklärt werden, ob und wie das M&A Verhalten von IT-Konzernen charakterisiert werden kann. Und zum anderen, ob sich die enorme Entwicklungsdynamik der letzten Jahre in deren M&A Verhalten widerspiegelt.

Zusammengefasst ergibt sich daraus die Forschungsfrage dieser Arbeit: Wie charakterisiert sich das M&A Verhalten der Unternehmen im IT-Sektor und spiegelt sich die hohe Entwicklungsdynamik der Branche darin wider?

[2] Beispiele für etwaige Ambitionen finden sich bei Sony, Apple oder Xiaomi. Die beiden japanischen Konzerne Sony und Honda Motors haben dazu 2022 ein Joint Venture gegründet (Baumann, 2022). Xiaomi baut und vertreibt sein SU7 genanntes Elektrofahrzeug seit Anfang 2024 (Xiaomi, 2024).

4 Datenbasis

In diesem Abschnitt wird die Datenbasis erörtert und beschrieben. Dazu wird zunächst die Zugriffsweise auf die Datenbank erläutert und die Eigenheiten der Refinitiv Datenbank beleuchtet. Darüber hinaus werden die Klassifizierungsmodelle der Datenbank erklärt, der die einzelnen Datensätze unterliegen. Letztlich dient dieser Absatz aber vor Allem dazu die Eingrenzungen, respektive gesetzten Filter, sowie die gewählten Felder der Datensätze begründet darzustellen.

4.1 LSEG-Datenbank

Die Quelle der Daten bildet die Datenbank der London Stock Exchange Group (LSEG). Diese Datenbank geht aus der Refinitiv Datenbank hervor, nachdem die LSEG das Unternehmen 2021 aufgekauft hat. Die Refinitiv Datenbank ging wiederum aus der Finanzdatenbank von Thomson-Reuters hervor und wurde zwischenzeitlich auch unter der Bezeichnung Eikon vertrieben.

Die Datenbank der London Stock Exchange Group bietet Daten zu Unternehmen, Akquisitionen und Finanzinstrumenten weltweit in einem enorm breiten Spektrum. Die LSEG schreibt auf ihrer Website, dass Sie etwa 80 Millionen Investment Instrumente und 99 % der weltweiten Marktkapitalisierung in ihrer Datenbank abbildet (LSEG). Dazu kommen Historische Daten aus mehr als 50 Jahren, weshalb sie eine optimale Grundlage für diese Arbeit darstellt.

Ergänzende Information Die elektronische Version dieses Kapitels enthält Zusatzmaterial, auf das über folgenden Link zugegriffen werden kann https://doi.org/10.1007/978-3-658-49620-3_4.

B. Engelhardt, *Globale IT-Konzerne: Giganten einer schnelllebigen Branche*, BestMasters, https://doi.org/10.1007/978-3-658-49620-3_4

Für die Analyse und Auswertungen im Rahmen dieser Arbeit wurde auf Daten aus dem M&A Teil der Datenbank zurückgegriffen. Diese wurden zunächst innerhalb des Refinitiv Workspace durchsucht, gefiltert und entsprechende Merkmale für den Datensatz selektiert. Anschließend wurden diese mithilfe der Datastream Python API abgerufen. Dazu wurde ein Python Jupyter Notebook genutzt und die Eikon und Refinitiv Bibliotheken installiert. Die Abfrage musste aus Performance Gründen in zwei Teilabschnitte untergliedert werden und anschließend mittels der Pandas Bibliothek zu einem einzigen Datensatz (Pandas Dataframe) zusammengefügt werden. Dieses wurde schließlich mit der Abfrage in der Refinitiv Workspace Applikation verglichen, um die Korrektheit und vor Allem Vollständigkeit zu verifizieren.

4.2 Eingrenzungen

Der M&A Datensatz umfasst in seiner Gesamtheit über anderthalb Millionen Einträge von 1969 bis heute. Diese mussten entsprechend der Betrachtungen dieser Arbeit eingegrenzt werden, wofür passende Filter verwendet wurden.

4.2.1 Betrachtungszeitraum

Als Betrachtungszeitraum wurde eine Zeitspanne von 30 Jahren gewählt – vom 1. Januar 1990 bis 31. Dezember 2019. Das Jahr 1990 wird unter anderem durch den ersten Server des World Wide Web markiert, der von Tim Berners-Lee am CERN Institut mit der Notiz „This machine is a server. DO NOT POWER IT DOWN!!" an das Internet angeschlossen wurde (CERN, 2024). Dies markiert damit ebenfalls den Ausgangspunkt für das World Wide Web, das heute einen Großteil der kommerziellen Nutzung beinhaltet.

Die Datenlage von bisherigen Studien zum M&A Verhalten in High-Tech Industrien reicht jedoch zum Teil nur bis in die Mitte der 2000er Jahre, wie beispielsweise bei Bena und Li, die 2014 im Journal of Finance veröffentlichten und deren Daten bis einschließlich 2006 reichten. Das heute am Häufigsten genutzte Endgerät zur Internetnutzung stellt jedoch das Smartphone dar (IfD Allensbach, 2023), das erst nach der Markteinführung des ersten iPhones 2006 an Dynamik gewann und die IT-Branche sowie die Nutzung des Internets revolutionierte. Daher ist eine weitreichendere Betrachtung notwendig und der Zeitraum wurde entsprechend groß gewählt.

2019 markiert dabei das Ende des Betrachtungszeitraums, da dadurch zum einen Daten aus drei vollen Dekaden analysiert werden können, und andererseits, da ab März 2020 der Ausbruch der Corona Pandemie zum Zusammenbruch von Lieferketten und Industrien führte, was das Bild entsprechend verzerren würde. Zum Zeitpunkt der Auswertungen im Rahmen dieser Arbeit, sind noch nicht genügend post-Covid Daten im M&A Bereich vorhanden, um die Auswirkungen voll abschätzen zu können.

Ausschlaggebend für das Hineinfallen in den Zeitraum ist zudem das „Rank Date", welches die Refintiv Datenbank als das Datum definiert, das die früheste öffentliche Ankündigung markiert, bei der der Transaktion ein Wert zugeordnet werden kann. Dies gilt für alle Datensätze ab 2006, davor ist es gleichzusetzen mit dem ersten Ankündigungsdatum des Interesses an der jeweiligen Akquisition oder dem Zusammenschluss.

Dadurch kann eine Transaktion auch nach 2019 erst als abgeschlossen gelten und fällt dennoch in die Betrachtungen dieser Arbeit. Ausschlaggebend für diese Arbeit ist die bezifferbare Intention zur Übernahme, zum Zusammenschluss oder der Akquisition eines Unternehmens oder Unternehmensteils.

4.2.2 Deal Typus

Der Datensatz beinhaltet sämtliche Deals die als abgeschlossen gelten und schließt alle anderen aus. Darüber hinaus werden im Feld „M&A Type" alle Aktien-Rückkaufprogramme (Repurchase Deals) sowie sämtliche Transaktionen zur Rekapitalisierung (Recapitalization Deals) ausgeschlossen. Dies wird zusätzlich abgesichert durch den Ausschluss von Exchange Offers, Buyback und Recapitalization Transaktionen im Feld „Form of the Deal". Die Betrachtungen dieser Arbeit fokussieren sich damit auf die aktiven und abgeschlossenen M&A Deals.

4.2.3 TRBC-Kategorisierung – Technology

Da die Untersuchung sich auf das M&A Verhalten der IT-Branche bezieht und versucht anhand des Datensatzes Charakteristika festzustellen, wird der Datensatz zusätzlich auf alle Transaktionen gefiltert in denen auf Käuferseite das Unternehmen, oder ein Mutterkonzern dessen, dem Technology Sektor nach TRBC-Kategorisierung zugeordnet werden kann.

4.2.4 Deal Value

Letztlich werden außerdem nur die Transaktionen mit in die Betrachtung aufgenommen, bei denen der Käufer eine Marktkapitalisierung vier Wochen vor der Ankündigung der Transaktion von mindestens einer Millionen US-Dollar hat oder deren Transaktionswert eine Million US-Dollar überschreitet. Diese Grenze wurde gewählt, um viele kleine wirtschaftlich nicht signifikante Deals auszuschließen.

4.3 Felder

Für alle Deals sowie das Ziel-Unternehmen und den dazugehörigen Käufer wurden entsprechende Charakteristika ausgewählt, auf die der Datensatz hin untersucht wurde. Dieser Abschnitt beleuchtet einige dieser Merkmale, wobei eine vollständige Liste dem Anhang C im elektronischen Zusatzmaterial zu entnehmen ist.

4.3.1 Deal-Spezifische Merkmale

Zu den Deal-spezifischen Merkmalen zählen das Jahr des Rang Datums (Year of Rank Date) zur zeitlichen Gruppierung der Daten, die Deal Form, der Zweck des Deals (falls angegeben), die finale Zahlungsstruktur, ein Cross Border Deal Flag, welches alle Deals markiert die grenzüberschreitend stattgefunden haben, und letztlich ein weiteres Flag, das alle Transaktionen markiert, die zwischen verschiedenen Regionen stattgefunden haben – siehe dazu auch Abbildung 4.1.

Die Form des Deals ist dabei ein kategorisches Feld, dass folgende Werte beinhalten kann: Acquisition, Acquisition of Assets, Acquisition of remaining interest, Acquisition of majority interest, Acquisition of certain assets sowie Merger.

Der angegebene Zweck der Transaktion ist ebenfalls ein kategorisches Feld, in dem jedoch mehrere Antworten gegeben werden konnten. Diese wurden mittels „|“ aneinandergehangen.

Die finale Zahlungsstruktur kennzeichnet in welcher Form die Gegenleistung erbracht wird, beispielsweise ausschließlich Bar oder in Aktien oder einer Mischform von beidem.

4.3.2 Acquiror-Spezifische Merkmale

Bezogen auf die Käufer werden unter anderem die Subregion als auch Nation des Kaufenden Unternehmens, aber auch dessen höchstem Mutterkonzern erfasst. Die LSEG-Datenbank unterteilt die geografische Einordnung zunächst in fünf Haupt-Regionen, mehrere Subregionen und anschließend deren Nationen – siehe dazu Abbildung 4.1. Nordamerika beherbergt dabei die Vereinigten Staaten von Amerika und Kanada[1], Nord Asien unter anderem die aufstrebenden Industriestaaten China, Hong Kong, Macau, Taiwan und Süd-Korea und West Europa viele europäische Industriestaaten wie Deutschland, Frankreich, das Vereinigte Königreich, aber beispielsweise auch Finnland.

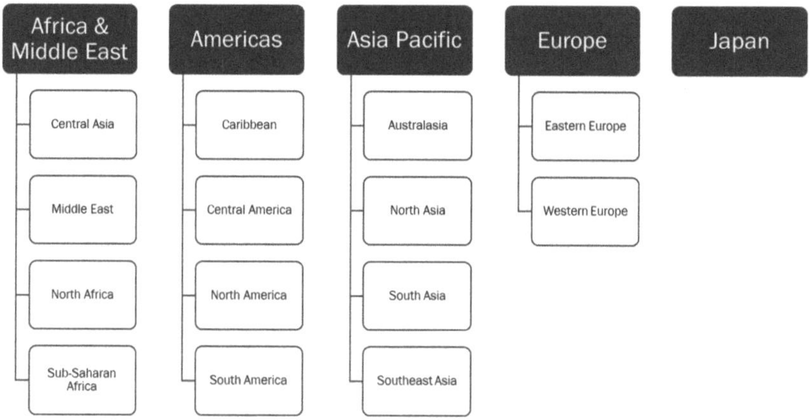

Abbildung 4.1 Haupt-Regionen und Sub-Regionen nach Eingruppierung der Refinitiv Datenbank ohne „Supranational" und „Unknown"

Des Weiteren werden die Industrie und Industrie-Gruppe nach TRBC-Modell, Marktwert vier Wochen vor der ersten Bekanntmachung des Deals, die Zahl der Angestellten sowie das Nettovermögen und der netto Umsatz der letzten 12 Monate betrachtet.

---

[1] Außerdem noch Saint Pierre Miquelon, eine kleine Inselgruppe die als Überseegebiet Frankreichs zählt.

4.3.3 Target-Spezifische Merkmale

Vom Target bzw. Ziel-Unternehmen der Transaktion werden unter anderem die Nettovermögenswerte sowie die Nettoumsätze der letzten 12 Monate, die Ausgaben für Forschung und Entwicklung des vorangegangenen Jahres, der Unternehmenswert am Datum des Inkrafttretens der M&A Transaktion, die Anzahl an Angestellten und der Öffentlichkeitsstatus abgefragt. Letzteres beinhaltet die Status öffentlich, privat, Tochtergesellschaft, Joint Venture, Regierungsgesellschaft und Investorengesellschaft.

Zusätzlich werden ebenfalls Region, Subregion und Nationalität sowie Wirtschaftssektor, Geschäftsbereich, Industrie und Industrie-Gruppe nach TRBC-Klassifizierung in den Datensatz aufgenommen.

4.3.4 NA-Werte

An dieser Stelle soll erwähnt werden, dass einige der Spalten teils sehr hohe Quoten an fehlenden Werten aufweisen wie beispielsweise Ausgaben für Forschung und Entwicklung des Ziel-Unternehmens mit einer NA-Quote von 94,53 %. Die hohen Quoten sind vor Allem darauf zurückzuführen, dass private Unternehmen und Tochtergesellschaften keine gesonderten Angaben dazu veröffentlicht haben und zu einigen M&A Deals ebenfalls keine Informationen veröffentlicht wurden. Dennoch sollen nicht alle Zeilen mit NA-Werten fallengelassen werden, da dies die Ergebnisse zu sehr in Richtung öffentlich gehandelter Ziel-Unternehmen verzerren könnte.

Darüber hinaus werden viele Auswertungen über die Zählung und das ins Verhältnis setzen von Einträgen basierend auf den Käufern, deren Subregion oder Industrie-Einordnung realisiert. Diese werden anschließend auch je Jahr über den Betrachtungszeitraum hinweg dargestellt. Für diese Auswertungen über Region, Industrie sowie Name weisen die entsprechenden Felder eine NA-Quote von 0,00 % auf. Eine vollständige Auflistung der NA-Quoten für jede Variable ist dem Anhang C im elektronischen Zusatzmaterial zu entnehmen.

Methodik 5

Nachdem die Datenbasis und deren Struktur nun umfassend beschrieben wurden, wird in diesem Abschnitt die Methodik zur Auswertung der Daten erläutert. Dies geschieht hauptsächlich mittels einer umfangreichen deskriptiven Datenanalyse, die das Ziel verfolgt die Charakteristika des M&A Verhaltens der IT-Branche zu identifizieren. Die deskriptiven Statistiken werden darüber hinaus durch eine Korrelationsanalyse ergänzt.

5.1 Deskriptive Datenanalyse

Für die deskriptive Datenanalyse wird der Datensatz durch Slices auf unterschiedliche Eigenschaften hin untersucht. Zwei Dimensionen stellen dabei Region und Industrien, in denen Käufer- und Ziel-Unternehmen angesiedelt sind, dar. Weiter wird auch die M&A Aktivität der Branche allgemein betrachtet. Schließlich werden die Verteilungen jeweils im Jahresverlauf über den Datensatz hinweg analysiert, sodass für jede Eigenschaft auch die Entwicklung dargestellt werden kann.

5.1.1 Deal, Acquiror und Target Split

Wie im vorherigen Kapitel bereits angedeutet, werden die Daten dafür in drei Datengruppen unterteilt. Einerseits Daten die spezifisch die Transaktionen charakterisieren und andererseits Daten, die wiederum die Käufer- als auch das Ziel-Unternehmen beschreiben. Daher wird neben den Deals in die beiden Gruppen der Käufer- (Acquiror) sowie Ziel-Unternehmen (Targets) unterschieden.

B. Engelhardt, *Globale IT-Konzerne: Giganten einer schnelllebigen Branche*, BestMasters, https://doi.org/10.1007/978-3-658-49620-3_5

Für alle drei Sub-Datensätze werden deskriptive Statistiken erstellt, die die Grundgesamtheit der betrachteten Deals und beteiligten Unternehmen charakterisieren. Für alle untersuchten Eigenschaften werden Mittel- und Medianwerte berechnet sowie die dazugehörigen Standardabweichungen. Im nachfolgenden Kapitel 6 „Auswertung“ werden diese entsprechend dargestellt und interpretiert. Zu den untersuchten Eigenschaften gehören unter anderem die Anzahl an Deals sowie Angestellten der Unternehmen, die Nettoumsätze der letzten 12 Monate oder auch Unternehmens-, Deal- und Marktwerte.

5.1.2 Industrie und Region

Für Käufer- und Zielunternehmen werden jeweils die Verteilungen zu Region und Industrie betrachtet. Dabei werden auch Grenzüberschreitende (Cross-Border) und Regionsüberschreitende (Cross-Region) Deals ausgewertet. Letzteres bezieht sich dabei auf die acht Hauptregionen, während weitere regionsspezifische Auswertungen auf die Ebene der Subregionen zurückgreifen, da dies eine detaillertere Darstellung ermöglicht und gleichzeitig eine bessere Vergleichbarkeit schafft, da Wirtschaftsräume wie Europa andernfalls auf nationaler Ebene zu fragmentiert wären. Dennoch werden die Daten auch auf nationaler Ebene untersucht, jedoch finden diese nur Erwähnung, sofern diese Auswertungen einen Mehr- beziehungsweise Erklärungswert bieten.

Es sei außerdem angemerkt, dass bei der regionsbezogenen Auswertung in der Acquiror Gruppe zur Auswertung die Mutterkonzerne herangezogen wurden, da dadurch auch Grenzüberschreitende Deals ersichtlich werden, die über eine lokale Tochtergesellschaft durchgeführt wurden.

In Bezug auf die Verteilung der Industrien muss ebenfalls gesondert in Käufer- und Ziel-Unternehmen unterschieden werden, da die Acquiror-Gruppe wie im vorherigen Kapitel erwähnt auf Technologie-Unternehmen nach TRBC-Klassifizierung vorgefiltert ist. Dadurch werden Geschäftsbereich und Wirtschaftssektor dort nicht genauer betrachtet. Für die Target-Gruppe wird dagegen zunächst die Verteilung nach Wirtschaftssektor herangezogen, bevor anschließend eine feinere Gliederung untersucht wird. Da diese Arbeit generell versucht ein breiteres Bild der Branche abzubilden, ist die allgemeine Vorgehensweise bei einer gröberen Betrachtungsweise zu beginnen und durch detaillierte Einsichten in bestimmte Bereiche erklärende Faktoren zu finden.

5.1.3 Zeitliche Betrachtung

Um herauszufinden, ob sich die hohe Dynamik der Branche auch im M&A Verhalten der Branche widerspiegelt, werden die Daten je Jahr des Rangdatums gruppiert und die zuvor beschriebenen Werte ermittelt. Daraus ergeben sich Zeitreihen je Charakteristik, die wiederum es ermöglichen Trends abzulesen und mittels linearer Regression Trendlinien zu berechnen. Dabei stellt das Jahr die unabhängige Variable X und die analysierte Charakteristik die abhängige Variable Y dar.

5.2 Korrelations- und Assoziationsanalysen

Zusätzlich zu den Deskriptiven Statistiken wird ebenfalls eine Korrelationsanalyse durchgeführt. Diese dient dazu Zusammenhänge zwischen den betrachteten Variablen aufzudecken. So könnten beispielsweise Korrelationen zwischen dem Deal Value und anderen Deal oder Unternehmens-Charakteristiken auftreten, wie den Umsätzen des Ziel-Unternehmens. Möglich wären auch Assoziationen zwischen kategorischen Variablen wie der Finanzierungsform und der Region oder Industrie der beteiligten Unternehmen.

Da die kategorischen Variablen, wie Region, Industrie, oder Finanzierungsform, jedoch nominal verteilt sind und entsprechend weder in einer Spearman noch einer Pearson-Korrelation ausgewertet werden können, werden diese gesondert auf ihre Zusammenhänge getestet.

5.2.1 Pearson Korrelationskoeffizienten

Die numerischen Variablen des Datensatzes, wie beispielsweise Umsatzzahlen, das Jahr des Rangdatums oder der Unternehmenswert, sind hingegen kardinal skaliert. Zur Auswertung ihrer Korrelationen wird daher eine Pearson-Korrelation genutzt, diese misst den linearen Zusammenhang zwischen zwei Variablen.

Die Daten unterliegen jedoch einer enorm breiten Streuung und enthalten viele Ausreißer, wie beispielsweise in Hinblick auf den Wert des jeweiligen Deals. Deshalb werden sie zunächst durch einen natürlichen Logarithmus skaliert. Dieser reduziert die Verzerrung, trägt zur Normalisierung der Verteilung der Daten bei und verbessert letztlich die Linearität, sodass eine robustere Korrelationsanalyse möglich ist, auch wenn dies die Interpretierbarkeit der Ergebnisse beeinflusst.

Das Feld ‚Year of Rank Date', welches das Jahr enthält, ist von der Skalierung jedoch ausgenommen.

Für die transformierten Daten wird anschließend für jede Kombination der Variablen der Pearson Korrelationskoeffizient entsprechend folgender Formel berechnet (Benninghaus, 2007):

$$r_{xy} = \frac{\sum_{i=1}^{n}(x_i - \bar{x})(y_i - \bar{y})}{\sqrt{\sum_{i=1}^{n}(x_i - \bar{x})^2}\sqrt{\sum_{i=1}^{n}(y_i - \bar{y})^2}}$$

Dabei entsprechen:

- n der Größe des Datensatzes,
- x_i und y_i den jeweiligen Datenpunkten und
- $\overline{x} = \frac{1}{n}\sum_{i=1}^{n} x_i$ sowie analog $\overline{y} = \frac{1}{n}\sum_{i=1}^{n} y_i$ den respektiven Mittelwerten der Variablen

Die errechneten Korrelationskoeffizienten r_{xy} werden in einer Tabelle dargestellt und weiter durch eine Heatmap visualisiert.

Tabelle 5.1 Interpretation Pearson-Korrelationskoeffizienten (Kuckartz, 2013)

Betrag von r	*Stärke der Korrelation*
0,0 < 0,1	keine Korrelation
0,1 < 0,3	geringe Korrelation
0,3 < 0,5	mittlere Korrelation
0,5 < 0,7	hohe Korrelation
0,7 < 1	sehr hohe Korrelation

Die Werte der Pearson-Korrelationskoeffizienten schwanken zwischen -1 und 1, wobei 1 einen perfekt positiven linearen Zusammenhang bedeutet und -1 einen perfekt negativen. Kein Zusammenhang besteht hingegen bei einem Koeffizienten von Null. Eine detailliertere Interpretation kann Tabelle 5.1 entnommen werden.

5.2.2 Cramers V Teststatistiken

Da die kategorischen Variablen, wie zuvor erwähnt, nur nominal skaliert sind, können die Zusammenhänge zwischen ihnen nicht durch eine Pearson-Korrelation errechnet werden. Auch die Zusammenhänge zwischen den kardinal und nominal skalierten Werten lassen sich dadurch nicht darstellen. Daher wird in einem nächsten Schritt für alle nominal skalierten kategorischen Variablen ein Cramers V Test berechnet. Dabei handelt es sich um einen normierten Chi-Quadrat Test, dessen Teststatistik Werte zwischen 0 und 1 annimmt.

Der Cramers V bietet damit eine ähnliche Interpretierbarkeit wie die zuvor verwendete Pearson-Korrelation und schafft damit auch eine gewisse Vergleichbarkeit. Jedoch kann für den Zusammenhang keine Richtung bestimmt werden, was aber bereits die Skalierung der Daten bedingt.

Da das Feld ‚Purpose' Mehrfachantworten zugelassen hat und dadurch stark fragmentiert ist, wurde es nicht in dieser Auswertung betrachtet und vorher aus dem Datensatz entfernt. Des Weiteren würden NA-Werte ein Problem darstellen, da sie keine eigene Klasse darstellen und daher vor der Berechnung der Cramers V Teststatistiken ebenfalls aus dem Datensatz entfernt werden. Das Ergebnis wird wie das der Pearson-Korrelation tabellarisch und durch eine Heatmap dargestellt.

Zur Berechnung wurde ein Algorithmus geschrieben, der für jede Kombination der nominalen Variablen zunächst eine Kreuztabelle erstellt. Für diese Kreuztabelle wird anschließend die Chi-Quadrat Teststatistik entsprechend folgender Formel berechnet (Kuckartz, 2013):

$$\chi^2 = \sum_{j=1}^{m} \frac{\left(f_{b(j)} - f_{e(j)}\right)^2}{f_{e(j)}}$$

Wobei m die Anzahl der Zellen der Kreuztabelle darstellt, f_b die beobachteten Häufigkeiten und f_e die erwarteten Häufigkeiten der Gruppen. Die Chi-Quadrat Teststatistik wird dann mittels Cramers V Test normalisiert. Dazu wird folgende Formel genutzt:

$$V = \sqrt{\frac{\chi^2}{n \cdot (\mathrm{R} - 1)}}$$

Mit $R = \min(k, l)$, wobei k der Anzahl Kategorien der Zeilenvariablen und l der der Spaltenvariablen entspricht.

5.2.3 Eta-Koeffizienten

Nachdem nun beschrieben wurde wie die Zusammenhänge innerhalb der nominal als auch innerhalb der kardinal skalierten Variablen errechnet und dargestellt werden, wird in einer letzten Betrachtung für die beiden numerischen Variablen ‚Year of Rank Date' und ‚Deal Value' jeweils der Eta-Koeffizient mit den kategorischen Variablen errechnet. Damit sollen mögliche Zusammenhänge zwischen diesen beziffert werden, so ist beispielsweise ein Zusammenhang zwischen dem Wert der Transaktion und der Deal-Form denkbar.

Dazu werden die kardinal skalierten Variablen jeweils als abhängige Y-Variable und die nominal skalierten kategorischen Variablen je als unabhängige X-Variable betrachtet. Analog zum vorherigen Vorgehen wird wie bei der Cramers V Teststatistik, der Datensatz zunächst von NA-Werten bereinigt. Außerdem werden auch die beiden numerischen Variablen durch einen natürlichen Logarithmus transformiert. Mit Hilfe eines weiteren Algorithmus wird so für jede Paarung aus je einer kardinal und nominal skalierten Variable der Eta-Koeffizient entsprechend folgender Formel berechnet (Benninghaus, 2007):

$$\eta^2 = \frac{\sum_{j=1}^{k} n_j\left(\bar{y}_j - \bar{y}\right)^2}{\sum_{i=1}^{N} (y_i - \bar{y})^2}$$

Dabei entsprechen:

- n_j der Anzahl der Untersuchungseinheiten der j-ten Kategorie der X-Variablen,
- $\bar{y}$ dem arithmetischen Mittel aller Y-Werte,
- $\bar{y}_j$ dem arithmetischen Mittel der Y-Werte der j-ten Kategorie der X-Variablen,
- y_i dem i-ten Wert der Y-Variablen und
- k der Anzahl der Kategorien der X-Variablen.

Der Eta-Koeffizient reiht sich dabei in die bisherigen Betrachtungen ein und schwankt ebenfalls im Wertebereich von 0 bis 1. Die dabei entstandene Tabelle gibt die Eta-Koeffizienten für jedes Variablenpaar XY an.

Auswertung 6

Nachdem nun die Datenbasis qualitativ mit den gesetzten Filtern sowie den gewählten Variablen beschrieben und anschließend die anzuwendende Methodik beleuchtet wurde, widmet sich dieser Abschnitt der Auswertung der Daten entsprechend der beschriebenen Methodik. Dabei werden die Auswertungen in Diagrammen visualisiert, die Statistiken berechnet und die Ergebnisse schließlich interpretiert. Dafür werden zunächst deskriptive Statistiken über den gesamten Datensatz dargestellt, um einen Überblick zu schaffen. Dabei werden auch erste Charakteristika der Käufer- und Zielunternehmen umrissen. Anschließend werden ausgewählte Charakteristika detaillierter untersucht und im Zeitverlauf des Datensatzes jahresweise konsolidiert dargestellt und interpretiert. Abschließend in diesem Abschnitt werden die Korrelationen und Assoziationen zwischen den Variablen, wie zuvor beschrieben, errechnet und analysiert.

6.1 Käufer, Ziele und Deals

Zunächst geht es aber darum mittels deskriptiver Statistiken einen Überblick über die drei Gruppen des Datensatzes zu schaffen. Dadurch können nachfolgende Auswertungen besser in den Datensatz eingeordnet werden. Zunächst werden dafür die Größen der Gruppen dargestellt und anschließend für die Käufer- und Ziel-Unternehmen einige quantitativen Variablen ausgewertet.

Ergänzende Information Die elektronische Version dieses Kapitels enthält Zusatzmaterial, auf das über folgenden Link zugegriffen werden kann https://doi.org/10.1007/978-3-658-49620-3_6.

B. Engelhardt, *Globale IT-Konzerne: Giganten einer schnelllebigen Branche*, BestMasters, https://doi.org/10.1007/978-3-658-49620-3_6

6.1.1 Größe der betrachteten Gruppen

Insgesamt enthält der Datensatz gemäß den Kriterien aus Kapitel 4 (Stand der letzten Abfrage am 17.10.2024) 49.775 M&A Deals. Darin enthalten sind 46.328 einzigartige Ziel-Unternehmen und 18.382 einzigartige Unternehmen auf Käuferseite. Dabei schrumpft letztere Zahl, wenn man statt der direkten Käufer-Unternehmen deren Mutterkonzerne betrachtet, auf 14.150 einzigartige Käufer. Im weiteren Verlauf der Arbeit wird vor Allem die Anzahl der Mutterkonzerne relevant werden, da wie bereits erläutert, die Mutterkonzerne als Basis der Acquiror-Gruppe betrachtet werden. Dabei wird folgender Zusammenhang deutlich:

$$n_{M\&ADeals} > n_{Targets} \gg n_{Acquiror}$$

An dieser Ungleichung können bereits einige Charakteristika erkannt werden. Denn es wird gezeigt, dass einige Unternehmen mehrfach als Targets verkauft/gekauft wurden, da die Anzahl der Targets kleiner ist als die Anzahl an Deals. Weiter gibt es weniger Käufer als gekauften Unternehmen. Dass erscheint zunächst logisch, ist aber nicht selbstverständlich. Nimmt man an, dass Unternehmen, Teile der Unternehmen oder Tochtergesellschaften mehrfach verkauft werden, was im ersten Teil der Ungleichung gezeigt wird, könnte theoretisch auch ein Nachfrageüberhang in einem M&A-Markt vorhanden sein, bei dem mehr einzigartige Käufer als M&A-Ziele vorhanden sind. Somit ist auch

$$n_{Targets} \leq n_{Acquiror}$$

nicht ausgeschlossen. Da dies jedoch nicht der Fall ist, aber Weiterverkäufe dennoch vorhanden sind, impliziert es, dass Unternehmen der Acquiror-Gruppe im IT-Sektor die akquirierten Unternehmen vorwiegend integrieren und halten, anstatt sie weiter zu veräußern. Das deutet ebenfalls an, dass die IT-Unternehmen einen strategischen Mehrwert und konkreten Zweck mit ihren Akquisitionen verfolgen. Dafür werden die Motive der Transaktionen weiter in Abschnitt 6.5.1 ergründet.

6.1.2 Käufer-Unternehmen (Acquiror)

Nun wird zunächst die Gruppe der Unternehmen auf Käuferseite näher beleuchtet. Dazu zeigt Tabelle 6.1 die zehn Mutterkonzerne, welche am häufigsten direkt oder durch eine Tochtergesellschaft als Käufer an M&A Deals im Datensatz beteiligt waren.

Mit der Vodafone Group PLC ist ein europäisches Unternehmen vertreten, während NTT, Hitachi Ltd und die SoftBank Corp aus Japan stammen. Die restlichen sechs Unternehmen sind US-amerikanisch, inklusive Cisco Systems Inc als das Unternehmen mit den meisten Akquisitionen. Diese Verteilung deutet bereits die Hegemonie des Nordamerikanischen Raumes an, die später in Abschnitt 6.2 weiter ergründet wird. Cisco fand außerdem bereits zuvor aufgrund seiner hohen M&A-Aktivität in den 90er Jahren in der Fachliteratur Erwähnung (Hart & Holmstrom, 2010; Joseph L. Bower, 2001). Dass es auch über den gesamten Zeitraum bis 2019 die meisten Akquisitionen verzeichnen kann, verdeutlicht die anhaltende Relevanz von M&As im IT-Sektor.

Tabelle 6.1 Top 10 der Mutterkonzerne als Käufer mit den meisten M&A Deals im Datensatz

Acquiror gruppiert nach Mutterkonzernen	Anzahl M&A Deals
Cisco Systems Inc	222
Hitachi Ltd	209
IBM	198
Microsoft Corp	195
NTT	185
Intel Corp	177
SoftBank Corp	163
Alphabet Inc	157
Oracle Corp	126
Vodafone Group PLC	122

Zur weiteren Darstellung der Käufer-Gruppe sind in der nachfolgenden Tabelle 6.2 die Mittel- und Medianwerte sowie die jeweilige Standardabweichung für einige quantitative Kennzahlen der kaufenden Unternehmen zusammengefasst.

Tabelle 6.2 Deskriptive Statistiken zu einigen quantitativen Kennzahlen der Käufer-Unternehmen *in Millionen US$

Acquiror	Mittelwert	Median	Standardabw.
Acquiror Market Value 4 Weeks Prior to Announcement*	19298,97	412,64	305579,66
Acquiror Net Assets Last 12 Months*	3594,33	142,3	18388,02
Acquiror Net Sales Last 12 Months*	4941,26	193,73	19847,62
Acquiror EBIT Last 12 Months*	768,14	11,59	4548,36
Acquiror Number of Employees	19411,23	1557	57978,61

Über sämtliche Werte hinweg wird deutlich, dass die Median Werte teils deutlich kleiner sind als das dazugehörige Arithmetische Mittel. Dies zeigt, dass die Verteilungen der zugrunde liegenden Daten in jedem Fall rechtsschief sind. Die einzelnen Daten sind außerdem enorm breit gestreut, wie die hohe Standardabweichung in allen fünf Fällen zeigt. Die rechtsschiefe als auch die einzelnen Werte zeigen ebenfalls deutlich, dass es sich auf Käuferseite vermehrt um große Unternehmen handelt. Basierend auf der Anzahl an Beschäftigten, klassifiziert das Statistische Bundesamt Unternehmen mit mehr als 250 Beschäftigten als Großunternehmen. Im Datensatz entsprechen diesem Kriterium 78,77 % der Käufer-Unternehmen, wobei weitere 15,83 % als Unternehmen mittlerer Größe zu klassifizieren sind (Abbildung 6.1).[1]

[1] Das Statistische Bundesamt unterscheidet in Kleinstunternehmen mit 0 bis 10 Beschäftigten, Kleinunternehmen mit 10 bis 50 Beschäftigten, Mittlere Unternehmen mit 50 bis 250 Beschäftigten und Großunternehmen mit über 250 Beschäftigten. Für die Unternehmen der Käuferseite, ist diese Einteilung nicht ideal, da sie eher das untere Spektrum erfasst und der Datensatz insbesondere auf Käuferseite die M&A Aktivitäten vieler Großkonzerne umfasst. Dennoch wird auf Target-Seite die Differenzierung deutlicher und ist für die Kernaussage des Vergleichs der beiden Gruppen ausreichend.

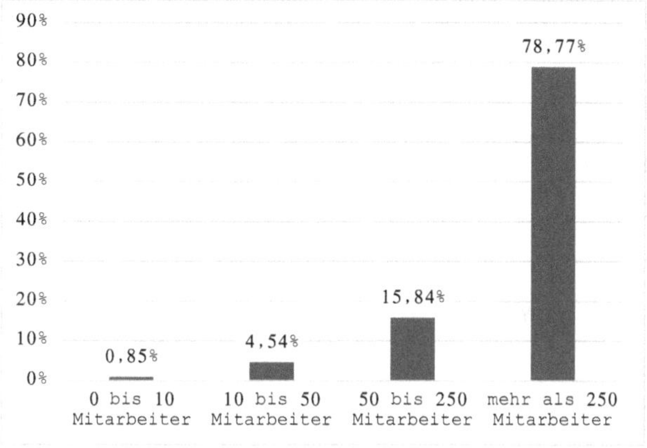

Abbildung 6.1 Verteilung der Größe der Käufer-Unternehmen nach Mitarbeitern

Auch die Medianwerte der Nettoumsätze und Nettovermögenswerte verdeutlichen mit 193,72 Millionen und 142,23 Millionen US-Dollar, dass es sich überwiegend im Großunternehmen auf Käuferseite handelt.

6.1.3 Ziel-Unternehmen (Targets)

Analog zum Vorgehen im vorhergehenden Abschnitt, sind in diesem Abschnitt in Tabelle 6.3 die Mittel- und Medianwerte sowie die jeweilige Standardabweichung für einige quantitative Kennzahlen der gekauften Unternehmen dargestellt. Dabei sei gesagt, dass nicht der Marktwert vier Wochen vor der Ankündigung des Deals, sondern stattdessen der Firmenwert am Tag der Transaktion verwendet wurde, da für diesen mehr Daten vorlagen.

Tabelle 6.3 Deskriptive Statistiken zu einigen quantitativen Kennzahlen der Ziel-Unternehmen *in Millionen US$

Target	Mittelwert	Median	Standardabw.
Target Enterprise Value at Effective Date*	872,81	28,41	19731,54
Target Net Assets Last 12 Months*	45636,89	40,61	912153,8
Target Net Sales Last 12 Months*	54217,63	64,99	1011735
Target EBIT Last 12 Months*	33,98	0,63	407,2
Target Number of Employees	1876,59	150	12970,27
Target R&D Expense 1 Year Prior*	42,07	6,3	174,76

Bei den Ziel-Unternehmen zeigt sich zunächst ein ähnlich rechtsschiefes Bild mit deutlich höheren arithmetischen Mitteln als Medianwerten. Hier ist die Standardabweichung jedoch im Vergleich zu den Käufer-Unternehmen noch deutlich größer, was auf eine noch größere Streuung der Daten hinweist. Diese breite Streuung kann dadurch erklärt werden, betrachtet man die potenziellen Ziele, die innerhalb der Daten vorkommen können. Einerseits sind dies sehr junge kleine Start-Ups mit wenigen Mitarbeitern, niedrigen Umsätzen, aber vielversprechenden Innovationen, so wie es beispielsweise Benou und Madura (2005) nahelegen. Und andererseits etablierte Unternehmen oder Konkurrenten, die fusionieren oder einer feindlichen Übernahme unterliegen. Das arithmetische Mittel ist dabei anfällig für Ausreißer Werte, die den Datensatz insbesondere nach oben hin prägen, sodass sich die hohen Standardabweichungen als Streuungsmaße und die Rechtsschiefe erklären lassen.

Der Anteil an kleinen bis mittleren Unternehmen ist dabei deutlich höher als in der Käufergruppe und überwiegt mit in Summe 62,01 Prozent gegenüber den Großunternehmen innerhalb der Target-Gruppe wie Abbildung 6.2 zeigt.

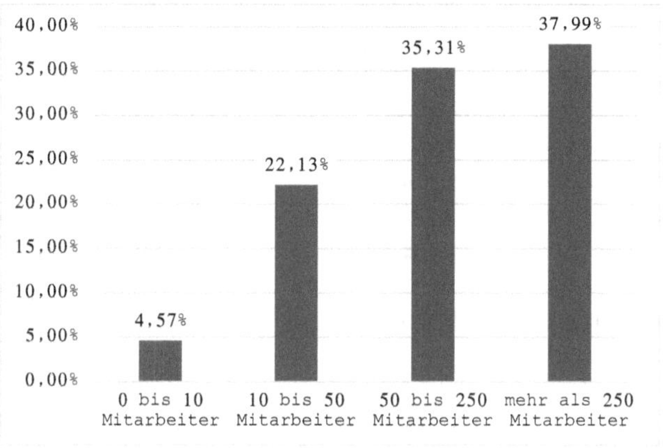

Abbildung 6.2 Verteilung der Größe der Ziel-Unternehmen nach Mitarbeitern

Und auch durch die Medianwerte wird deutlich, dass die Ziel-Gruppe mehr kleine Unternehmen enthält. Insbesondere am EBIT mit einem Median von 0,63 Millionen US-Dollar – gegenüber 11,59 Millionen US-Dollar in der Käufergruppe – lässt sich dabei auch erkennen, dass die Ziel-Unternehmen geringere Profite erwirtschaften.

Man könnte an dieser Stelle die Auswertungen noch tiefgreifender gestalten und zum Beispiel für kleine bis mittlere Unternehmen die einzelnen Verteilungen des EBIT oder der anderen Kennzahlen plotten, jedoch würde das den Rahmen dieser Arbeit sprengen. Es wurde deutlich anhand der Statistiken, dass der Datensatz ein sehr breites Spektrum an Käufer- und Ziel-Unternehmen aufweist, wobei erstere im Mittel in Bezug auf verschiedene Kennzahlen größer sind als letztere. Außerdem überwiegt die Anzahl an Zielen die Anzahl an Käufern.

6.1.4 Transaktionswert der M&A-Deals

Anschließend an die Betrachtungen der Käufer- und Zielunternehmen, setzt sich das zuvor skizzierte Bild des sehr breit gestreuten Datensatzes fort, betrachtet man die einzelnen Deals nach ihrem Transaktionswert.

Der Deal Value (Transaktionswert) beträgt im arithmetischen Mittel 205,75 Millionen US-Dollar, während der Medianwert bei 12,78 Millionen und die Standardabweichung bei 2,016 Milliarden US-Dollar liegt. Hier wird erneut deutlich, dass der Datensatz einer sehr breiten Streuung unterliegt. Im Falle des Deal Values lässt sich die Streuung sehr gut anhand der Diskrepanz zwischen den Deals mit dem höchsten und niedrigsten Transaktionswert zeigen.

Bei der Transaktion mit dem kleinsten Wert erwarb das Unternehmen Japan Cash Machine Co Ltd. 2009 die gesamten Anteile der hochverschuldeten, ebenfalls japanischen, Sammy Systems Corp. für umgerechnet nur 737 US-Dollar. Dem gegenüber steht die feindliche Übernahme der deutschen Mannesmann AG durch die englische Vodafone Group (Vodafone AirTouch PLC) für 202,74 Milliarden US-Dollar (Höpner & Jackson, 2001). Damit enthält der Datensatz auch die bislang größte M&A-Transaktion der Geschichte gemessen am Transaktionsvolumen.

Wert und Hintergründe der beiden Transaktionen sind enorm divers. Diese sehr gegensätzlichen Akquisitionen verdeutlichen damit anschaulich das Spannungsfeld des Datensatzes und im M&A-Markt generell.

6.1.5 Deal-Formen

Um einen weiteren Überblick über den Datensatz zu geben, werden nun die Ausprägungen der M&A Arten im Datensatz betrachtet. Dafür wurden die Ausprägungen des Felds ‚Form of the Deal' gezählt und die prozentuale Verteilung berechnet. Abbildung 6.3 enthält demzufolge die Verteilung der M&A Arten über den gesamten Datensatz.

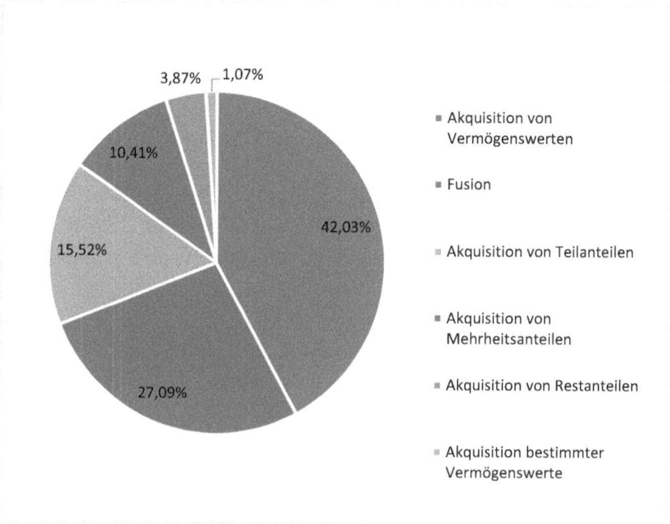

Abbildung 6.3 Verteilung der M&A-Arten

Dabei waren die meisten Deals im Datensatz Akquisitionen von Vermögenswerten mit 42,03 Prozent, gefolgt von Unternehmensfusionen mit 27,09 Prozent. In 15,52 Prozent der Fälle wurden Teilanteile und in 10,41 Prozent Mehrheitsanteile erworben. Die Akquisition von Restanteilen entfiel auf 3,87 Prozent der M&A Deals, während der kleinste Teil des Datensatzes die gezielte Akquisition von bestimmten Vermögenswerten ausmachte.

Aus den Daten ist entsprechend zu erkennen, dass Fusionen nur etwas mehr als ein Viertel der Transaktionen ausmachen und der Großteil der Deals mit summiert 72,91 Prozent auf Akquisitionen entfällt.

6.2 M&A Aktivität nach Regionen

Da nun ein erster Einblick in die Gruppen der Käufer- und Ziel-Unternehmen sowie den Deals selbst einen groben Überblick über die Individualität und Streuung der M&A Transaktionen gegeben hat, soll das M&A-Verhalten der IT-Konzerne in diesem und den nachfolgenden Abschnitten genauer charakterisiert werden. Trotz der Streuung lassen sich einige Eigenschaften innerhalb des

Datensatzes aufzeigen, wofür als erstes die Verteilung der M&A-Aktivität nach Regionen analysiert wird.

6.2.1 Überblick

Dafür wird zunächst die Verteilung nach Regionen über den gesamten Datensatz betrachtet sowohl für die Gruppe der Käufer (Acquiror) als auch für die Gruppe der Ziele (Targets) der Transaktionen. Dies wird in Abbildung 6.4 zusammengefasst dargestellt. Die detaillierten Werte können der Tabelle in Anhang A im elektronischen Zusatzmaterial entnommen werden.

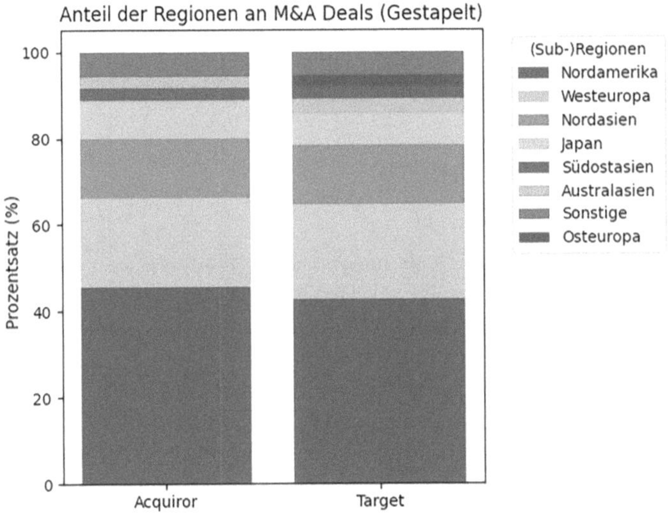

Abbildung 6.4 Verteilung der an den M&A Deals beteiligten Unternehmen je Region

Zunächst einmal ist festzustellen, dass die beiden Verteilungen sehr ähnlich sind. In beiden Fällen stellt Nordamerika die anteilsmäßig größte Region dar, gefolgt von Westeuropa, Nordasien und Japan. Wobei Nordamerikanische IT-Unternehmen mit 45,49 Prozent gegenüber 42,73 Prozent im Verhältnis etwas häufiger als Käufer agieren, während es bei westeuropäischen Unternehmen mit 20,61 Prozent zu 21,81 Prozent umgekehrt ist. Ebenfalls anzumerken ist, dass innerhalb der Target-Gruppe auch Osteuropa mit 2,24 Prozent in der Statistik auftaucht und damit ähnlich wie Westeuropa einen höheren Anteil in der Target-Gruppe als in der Acquiror-Gruppe aufweist.

Richtet man den Fokus noch einmal auf Nordamerika, ist dessen überwiegender Anteil wenig überraschend, da ein Großteil der nach Marktkapitalisierung größten IT-Konzerne ihren Sitz in den USA haben. Und auch in Abschnitt 6.1.2 wurde deren Hegemonie unter den zehn Käufern mit den meisten M&A-Transaktionen im Datensatz dargestellt. Interessanter hingegen ist dabei der große Anteil Westeuropas, angesichts der Tatsache, dass Europa nur mit einem Unternehmen in der erwähnten Statistik auftaucht und Japan hingegen drei der zehn Unternehmen stellt. Dies könnte darauf zurückzuführen sein, dass der IT-Sektor in Westeuropa fragmentierter ist als im Nordamerikanischen Raum oder Japan, sodass sich die M&A-Aktivität der Region weniger um einige Großkonzerne zentralisiert.

In Japan hingegen scheint es eine stärkere Konzentration der M&A-Aktivität zu geben, angesichts der Vielzahl an Unternehmen, die gemessen an der Anzahl der Transaktionen, auf den höheren Rängen in Tabelle 6.1 zu finden sind. Nach der Hitachi Ltd., NTT und der Softbank Corp. auf den Plätzen zwei, fünf und sieben, reihen sich ebenfalls die Rakuten Inc., Sony Corp. und Fujitsu Ltd. in den besten 20 ein.[2] Dabei entfallen nur 8,74 Prozent beziehungsweise 4351 M&A-Deals des Datensatzes auf Käufer aus Japan. Die Deals der sechs genannten Unternehmen summieren sich auf 866 auf, was bedeutet, dass diese Firmen für etwa 20 Prozent der M&A-Aktivität des japanischen IT-Sektors verantwortlich sind und die Konzentration noch einmal beziffert.

6.2.2 Regionsverteilung im Zeitverlauf

Unabhängig davon zeigt die Auswertung in Abbildung 6.4 nur das konsolidierte Bild des gesamten Datensatzes. Da jedoch diese Arbeit auch das Ziel verfolgt, die Entwicklung der M&A-Aktivität auf die Branchendynamik hin zu überprüfen, wird die Verteilung der M&A-Aktivität nach Region in diesem Abschnitt für jedes Jahr dargestellt und deren Entwicklung über die betrachteten 30 Jahre analysiert. Die nachfolgende Abbildung 6.5 zeigt dabei die Verteilung für die Gruppe der Käufer-Unternehmen.

[2] Die erweiterte Liste ist Anhang A im elektronischen Zusatzmaterialzu entnehmen.

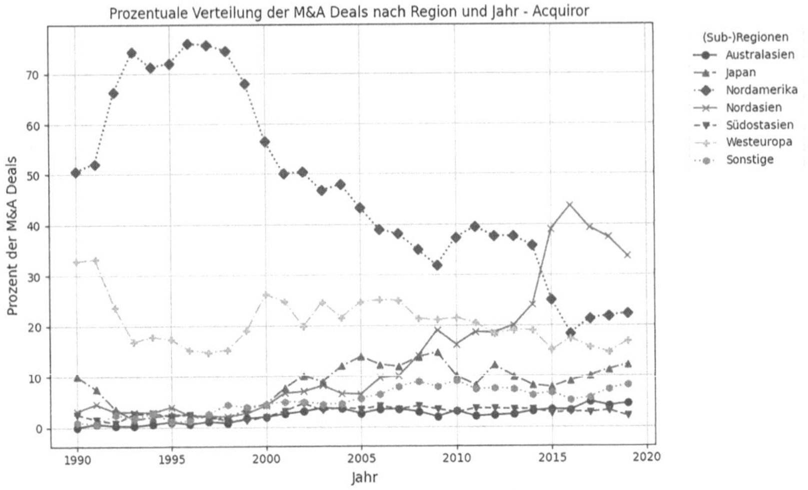

Abbildung 6.5 Verteilung der M&A Deals nach Region und Jahr der Käufer-Gruppe

Betrachtet man den gesamten Zeitraum sieht man deutlich, dass innerhalb der ersten Dekade bis zur Jahrtausendwende Nordamerika für den Großteil der M&A-Transaktionen des IT-Sektors verantwortlich war, gefolgt von Westeuropa. Wobei die restlichen Regionen nur eine untergeordnete Rolle spielten. Diese Dominanz der beiden Regionen lässt sich durch die Anfänge der IT-Industrie und des in den 90er Jahren aufkommenden Internets erklären. Beides ging insbesondere von Nordamerika und Westeuropa aus, wie das Arpanet in den Vereinigten Staaten oder das World Wide Web mit seinem ersten Server am CERN Institut veranschaulichen.

Nach der geplatzten Internet-Spekulationsblase 2000 (K. BRUNNERMEIER & NAGEL, 2004), ging der nordamerikanische Anteil stark zurück bis zuum vorläufigen Tiefststand im Jahr 2009 mit knapp über 30 Prozent, während Westeuropa seinen Anteil relativ konstant bei über 20 Prozent innerhalb dieser Dekade hielt. Dafür begann insbesondere der asiatische Raum ihre M&A-Aktivitäten zu erhöhen. Japan als auch die Region Nordasien, die die Länder Taiwan, China sowie Süd-Korea enthält, erreichen gegen Ende der Dekade jeweils Anteile von deutlich über 10 Prozent. Während Japan dabei zunächst einen größeren Teil der M&A-Deals ausmacht als Nordasien, dreht sich dieses Bild insbesondere ab 2009. Man erkennt in dieser Phase sehr gut den Trend der Globalisierung, bei dem das Internet sich weiterverbreitet und mehr Teilnehmer außerhalb Nordamerikas in den Markt eintreten. Abbildung 6.6 zeigt dafür beispielsweise die steigenden Anteile des asiatischen Raums im Bereich der Fertigung von Halbleitern und Computerchips.

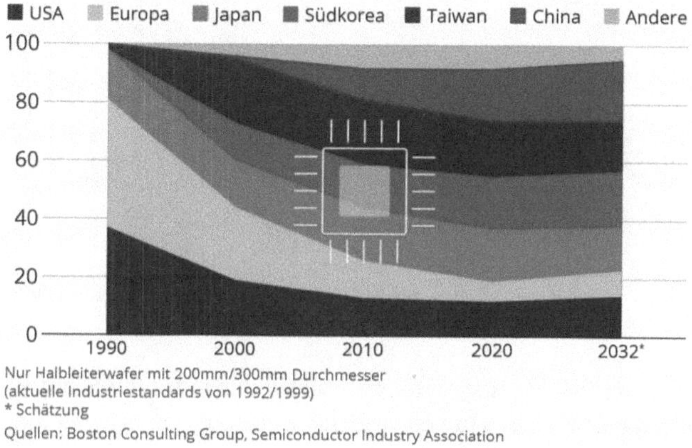

Abbildung 6.6 Weltweite kommerzielle Halbleiterproduktion nach Region (in Prozent) (Bocksch, 2024)

Japan pendelt sich in der dritten Dekade etwa bei der 10 Prozentmarke ein, während Nordasien einen enormen Sprung in den Jahren 2014 und 2015 macht. Dabei wird Nordamerika als führende Region gemessen am Anteil der M&A-Deals durch Nordasien abgelöst. Nordamerika setzt dabei seinen Abwärtstrend fort und verliert in den entsprechenden Jahren ebenso massiv wie Nordasien in Relation steigt. Dieser starke Anstieg Nordasiens ist nicht zuletzt auf einen massiven Anstieg der M&A-Aktivität Chinas zurückzuführen. Wie Abbildung 6.7 zeigt, hat sich die Zahl der M&A Deals 2015 im Vergleich zu 2013 mehr als verdoppelt von 200 auf 468.

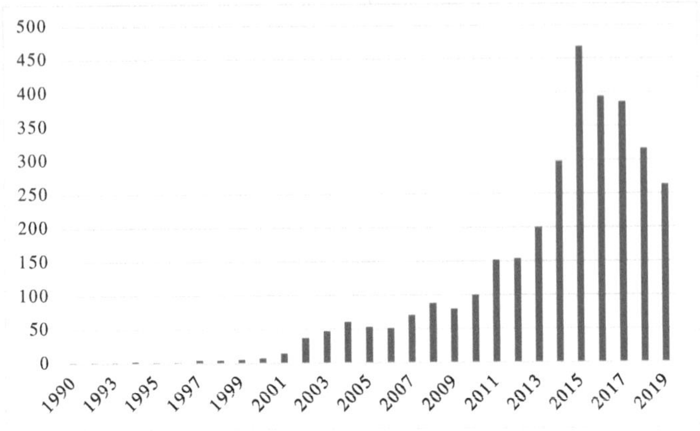

Abbildung 6.7 Absolute Häufigkeit der M&A Deals je Jahr chinesischer Käufer

China scheint dabei eine ähnliche Entwicklung zu durchlaufen wie die westlichen Regionen, jedoch um etwa 15 Jahre zeitversetzt. Wie der Anteil Nordamerikas, schrumpft auch der Anteil Westeuropas in den letzten zehn Jahren des Betrachtungszeitraums, jedoch weniger drastisch. Dieser rückläufige Trend der M&A Aktivitäten in Nordamerika und Westeuropa ist zudem nicht nur in den relativen, sondern auch in den absoluten Häufigkeiten zu erkennen.

Daran schließt sich die Frage an, ob westliche Unternehmen im Umkehrschluss vermehrt Ziele von Akquisitionen wurden, oder ob es einen anderen Grund für den annährend steten Rückgang der M&A-Aktivität dieser Regionen gibt.

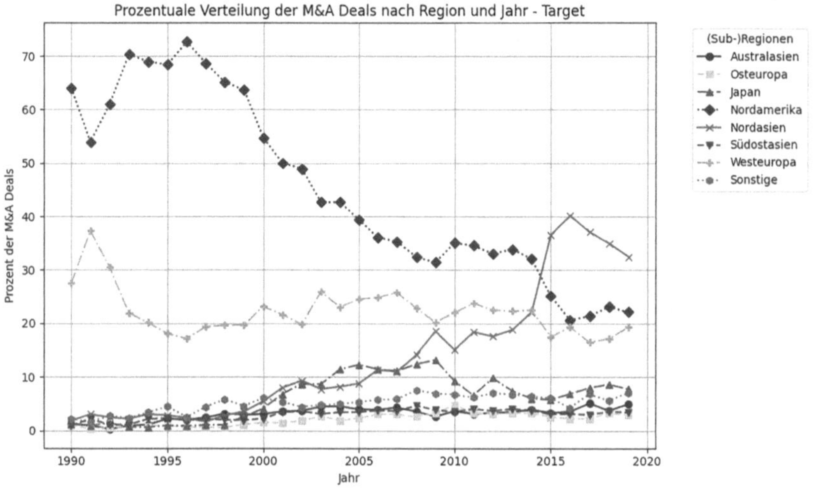

Abbildung 6.8 Verteilung der M&A Deals nach Region und Jahr der Ziel-Gruppe

Betrachtet man die Verteilung der Regionen in der Target-Gruppe, wie in Abbildung 6.8 dargestellt, zeichnet sich jedoch ein sehr ähnliches Bild wie das der Acquiror-Gruppe ab. Die Niveaus von Käufer- als auch Ziel-Unternehmen bleiben in den Regionen ähnlich, sodass nicht davon ausgegangen werden kann, dass beispielsweise westliche Firmen vermehrt Ziele von Akquisitionen wurden anstatt als Käufer zu agieren. Der Rückgang könnte daher auch in der fortschreitenden Branchenentwicklung selbst liegen, die im Asiatischen Raum erst zeitversetzt eingesetzt hat. Die Anzahl an potenziellen Zielen von Akquisitionen geht entsprechend zurück, wenn die Markteintrittshürden mit zunehmender Reife der Branche steigen und sich zeitgleich bestehende Konzerne etablieren. Diese Entwicklung wird weiter in Abschnitt 6.4 erörtert.

6.2.3 Regions- und Grenzüberschreitende Deals

Die Ähnlichkeit der Verteilungskurven der beiden Gruppen Käufer und Ziel lässt auch darauf schließen, dass ein großer Teil der Akquisitionen innerhalb der jeweiligen Region stattfindet und seltener internationale oder überregionale

Transaktionen stattfinden. Gäbe es keine internationalen M&As müssten die Kurven der beiden Gruppen in der Theorie jedoch deckungsgleich sein, was sie nicht sind.

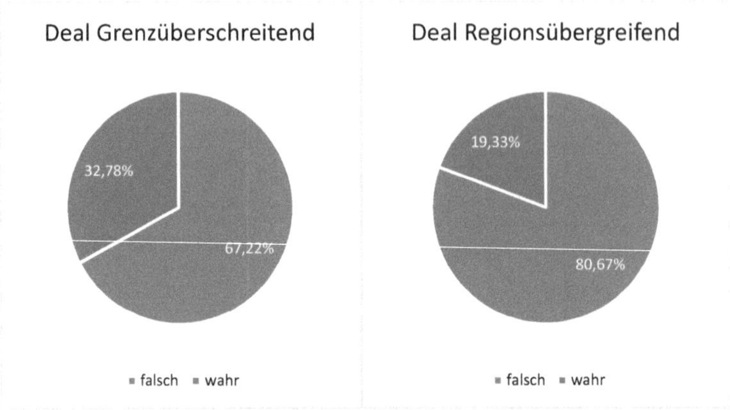

Abbildung 6.9 Anteil grenzüberschreitender und regionsübergreifender Deals im gesamten Datensatz

Dabei zeigt Abbildung 6.9, dass nur etwa ein Drittel der M&A-Deals international stattgefunden haben und respektive zwei Drittel national getätigt wurden. Außerdem verkleinert sich dieser Anteil weiter auf knapp ein Fünftel, wenn man überregionale Deals betrachtet. Dieser vergleichsweise kleine Anteil ist erstaunlich, da beispielsweise die Ergebnisse von Hagedoorn und Duysters (2002) nahelegen, dass es einen positiven Effekt von internationalen Forschungs- und Entwicklungsquellen auf die technologische Langzeitperformanz der High-Tech Unternehmen gibt. Es bestätigt jedoch die vorherigen Annahmen, dass der überwiegende Teil der Transaktionen innerhalb der Regionen stattfand.[3]

6.2.4 Kreuztabelle

Da dennoch knapp 20 Prozent der Deals überregional und ein Drittel zumindest international stattfand, soll mit der nachfolgenden Kreuztabelle dargestellt

[3] Die Abbildung 6.10 dargestellte Regionsübergreifenden Statistik bezieht sich dabei tatsächlich auf die fünf Haupt-Regionen und nicht wie Abbildung 6.8 und 6.9 auf Subregionen.

werden, aus welchen Regionen Käufer-Unternehmen regionsübergreifend andere Firmen oder Unternehmensanteile erwerben.

Zunächst ist in Abbildung 6.10 auch klar zu erkennen, dass der überwiegende Teil der Akquisitionen innerhalb der Region des Käufer-Unternehmens stattfindet, da die höchsten absoluten Häufigkeiten auf der Diagonalen zu finden sind. Die Kreuztabelle ermöglicht jedoch einen tieferen Einblick, betrachtet man nun die Regionen einzeln.

Nach der Summe der M&A Deals sticht Nordamerika nach wie vor heraus, interessant ist dabei, dass die überregionalen Ziele mit 2570 M&A Deals überwiegend aus Westeuropa stammen, gefolgt von Nordasien mit 366 und Australasien mit 362. Die übrigen Regionen wie Japan oder Osteuropa scheinen dabei eine kleinere Relevanz zu haben.

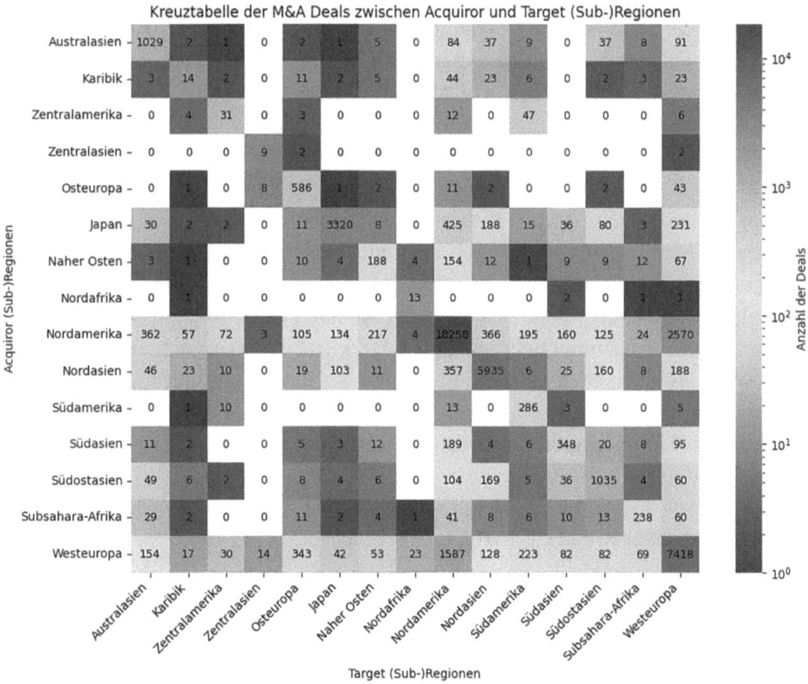

Abbildung 6.10 Kreuztabelle als Heatmap der Acquiror und Target (Sub-)Regionen mit logarithmisch skalierter Farbskala

Demgegenüber ist Nordamerika für Japan nach dem Heimatmarkt die Region, aus der mit 425 die meisten M&A Targets stammen. Ähnlich auch für Nordasien mit 357 und für Westeuropa mit 1587 Deals. Nach Nordamerika kamen die meisten überregionalen Targets Westeuropas aus Osteuropa, wobei die geographischen Nähe und der Europäische Binnenmarkt sicherlich einen Einfluss hatten. Insbesondere angesichts des Binnenmarktes ist es jedoch interessant, dass mit 343 Deals der Abstand zu Nordamerikanischen Unternehmen vergleichsweise groß ausfällt. Eine Erklärung dafür könnten die Gründe für die Transaktionen in Bezug auf die Westeuropäischen Käufer liefern. Es ist denkbar, dass diese ihre internationalen M&As in der Vergangenheit eher nutzten, um neue Märkte wie den US-Markt zu erschließen, anstatt sich beispielsweise neue Technologien anzueignen. Sollte das die treibende Motivation für Westeuropäische Käufer-Unternehmen gewesen sein, würde auch das Argument des Binnenmarkts, für eine höhere innereuropäische M&A-Aktivität, an Kraft verlieren.

Das jedoch geographische Nähe zumindest einen Einfluss auf die Wahl des M&A-Ziels hat, lässt sich auch anhand von Nordasien erkennen. Nach Amerika und Westeuropa, wurden Ziele vor allem aus Südostasien und Japan akquiriert. Damit deutet die Kreuztabelle schließlich auch eine kulturelle Nähe bei der Wahl des M&A-Targets an. Auch Westeuropa steht Nordamerika kulturell von den betrachteten Regionen am nächsten und beide Regionen weisen gegenseitig die meisten überregionalen M&A Transaktionen auf.

Diese kulturelle Nähe deckt sich ebenfalls mit den Erkenntnissen von Hagedoorn und Duysters (2002), die zeigten, dass die strategische und unternehmenskulturelle Ähnlichkeit einen positiven Effekt auf den Erfolg einer Akquisition hat. In diesem Zusammenhang erklärt sich, wieso regionsübergreifende M&A-Deals vor allem zwischen kulturell ähnlichen Regionen stattfinden. Abschließend lässt sich damit auch teilweise erklären, wieso der Großteil der M&A-Aktivität innerhalb der Heimatregion des Käufer-Unternehmens stattfindet.

6.3 Industrieverteilung

Neben der kulturellen Nähe wirkt sich auch eine technologische Ähnlichkeit zwischen Käufer und Ziel-Unternehmen positiv auf die Integration des Targets in das Käufer-Unternehmen und damit den Erfolg der M&A-Transaktion aus (BENA & LI, 2014). Betrachtet man die High-Tech-Charakteristik des IT-Sektors, so könnte man annehmen, dass ein Großteil der Ziel-Unternehmen des Datensatzes diese teilt. Entsprechend wäre davon auszugehen, dass die Gruppe der

Ziel-Unternehmen der Käufer-Gruppe stark ähnelt und ebenfalls überwiegend aus der IT-Branche stammt.

Dieser Abschnitt analysiert daher die Verteilung der Wirtschaftssektoren, Industrie-Gruppen und Aktivitäten, aus denen die beteiligten Unternehmen stammen. Dabei liegt der Fokus diesmal auf der Gruppe der Targets, da die Acquiror-Gruppe entsprechend nach Zugehörigkeit zum Technologie-Sektor vorgefiltert ist.

6.3.1 Wirtschaftssektoren der Targets

Um die einleitenden Fragestellungen zu untersuchen, wird zunächst einmal die Verteilung der Targets nach Wirtschaftssektoren, wie in Abbildung 6.11 dargestellt, betrachtet. Die Wirtschaftssektoren stellen die höchste Ebene im TRBC-Industrieklassifizierungsmodell dar.

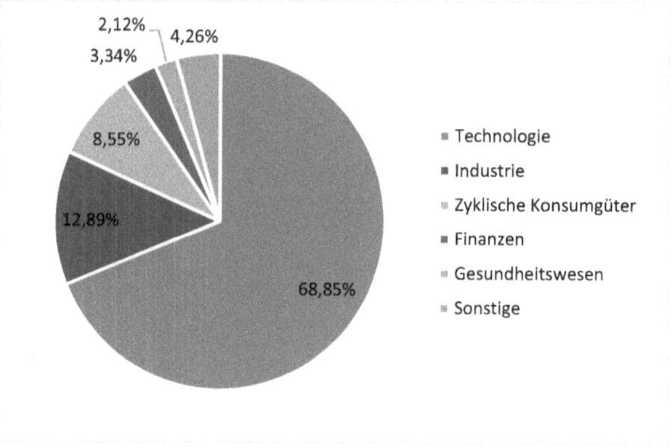

Abbildung 6.11 Verteilung der Target-Gruppe nach Wirtschaftssektoren

Mit 68,85 Prozent kommt dabei der größte Teil der Targets im Datensatz, wie die Käufer-Gruppe, aus dem Technologie-Sektor. Das bestätigt die vorherige Vermutung, dass die IT-Unternehmen vorwiegend Unternehmen akquirieren die ebenfalls hoch-technologisiert sind. Dies deckt sich ebenfalls mit den Erkenntnissen der Fachliteratur zu technologischem Fit der beiden beteiligten Unternehmen. An den Technologie-Sektor schließen sich der Industrie-Sektor mit 12,89 Prozent, der Sektor für Zyklische Konsumgüter mit 8,55 Prozent, der Finanz-Sektor mit 3,34 Prozent und das Gesundheitswesen mit 2,12 Prozent an.

Dass das Gesundheitswesen ebenfalls einen High-Tech-Charakter aufweist, wurde auch durch die Fachliteratur bereits deutlich. Der Finanz-Sektor wiederum hat vor allem in den letzten Jahren durch Fin-Tech-Startups eine wachsende Überschneidung mit dem IT-Sektor. Dieser Trend ist auch in Abbildung 6.12 ab 2014 klar zu erkennen. Fin-Tech etablieren dabei Informationstechnologien im Finanz-Sektor wie etwa maschinelles Lernen oder künstliche Intelligenz, Blockchain und Kryptowährungen, oder auch einfache mobile Anwendungen, wie Banking- und Trading-Apps.

Für die verbleibenden beiden Sektoren, die gemeinsam etwas mehr als ein Fünftel der erworbenen Unternehmen ausmachen, ist der Zusammenhang weniger direkt ersichtlich und wird vor allem bei näherer Betrachtung in Form der Industrie-Gruppen Zugehörigkeiten und Aktivitäten der Ziel-Unternehmen deutlich. Diese werden im nachfolgenden Abschnitt analysiert.

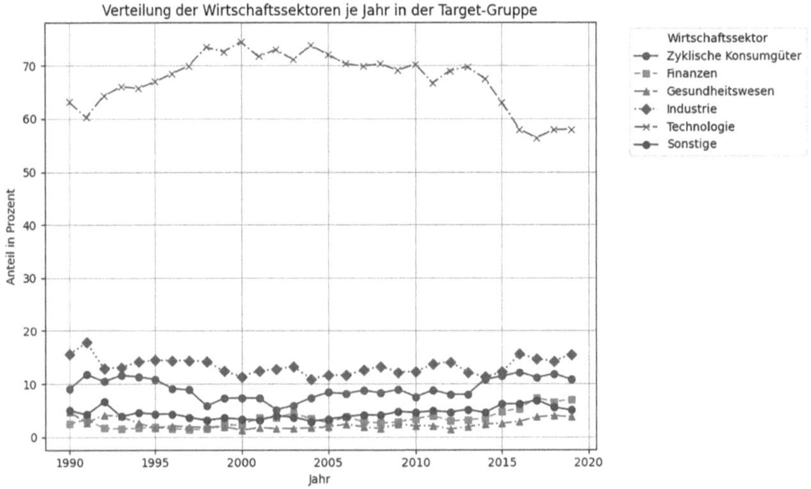

Abbildung 6.12 Verteilung der Wirtschaftssektoren je Jahr der Targets

An dieser Stelle wird zunächst nochmal die Verteilung der Ziel-Wirtschaftssektoren im Zeitverlauf betrachtet. Dabei ist auffällig, dass in den 90er Jahren der Anteil des Technologie Sektors zunächst zugenommen hat, bevor er sich bis etwa 2010 bei über 70 Prozent halten konnte. Ab 2013 setzte jedoch ein

Abwärtstrend ein, der darauf hindeuten könnte, dass IT-Unternehmen begannen sich stärker zu diversifizieren und womöglich andere Geschäftsbereiche erschlossen haben, weshalb vermehrt Firmen anderer Branchen gekauft wurden. Diesen Anstieg sieht man über sämtliche andere Wirtschaftssektoren hinweg zwischen den Jahren 2013 und 2017. In den letzten Jahren des betrachteten Zeitraums lag der Anteil des Technologie-Sektors bei knapp 58 Prozent.

6.3.2 Industriegruppen & Aktivitäten der Targets

Um nun die Verteilung der Ziel-Unternehmen bezüglich ihrer Industrien genauer zu betrachten, zeigt Abbildung 6.13 die Anteile der Industrie-Gruppen für die vier zuvor genannten größten Wirtschaftssektoren: Technologie, Industrie, Zyklische Konsumgüter und Finanzen. Dabei werden auch die Aktivitäten innerhalb der Industrie-Gruppen ausgewertet und benannt, jedoch nicht dargestellt, da sie mit 898 Aktivitäten teils zu spezifisch und nur bedingt signifikant für den Branchenüberblick sind.

Das erste Diagramm des Sektors der Zyklischen Konsumgüter zeigt dabei einen Fokus auf Unternehmen der Medien-Industrie mit 53,55 Prozent auf. Die meisten Unternehmen dieser Gruppe waren dabei zum Zeitpunkt des Deals als Kabelanbieter aktiv, gefolgt von Werbungs- und Marketingunternehmen. In Anbetracht der Tatsache, dass große Soziale Medien, Suchmaschinen oder auch Webseiten, Einkünfte überwiegend durch Werbung auf ihren Plattformen generieren, ist der Anteil wenig überraschend. Die Gründe für die Akquisition von Unternehmen aus dem Bereich (digitaler) Werbung sind vielfältig, sei es, um die eigene Marktposition zu stärken, in neue Märkte einzutreten oder Technologien in diesem Bereich zu erwerben.

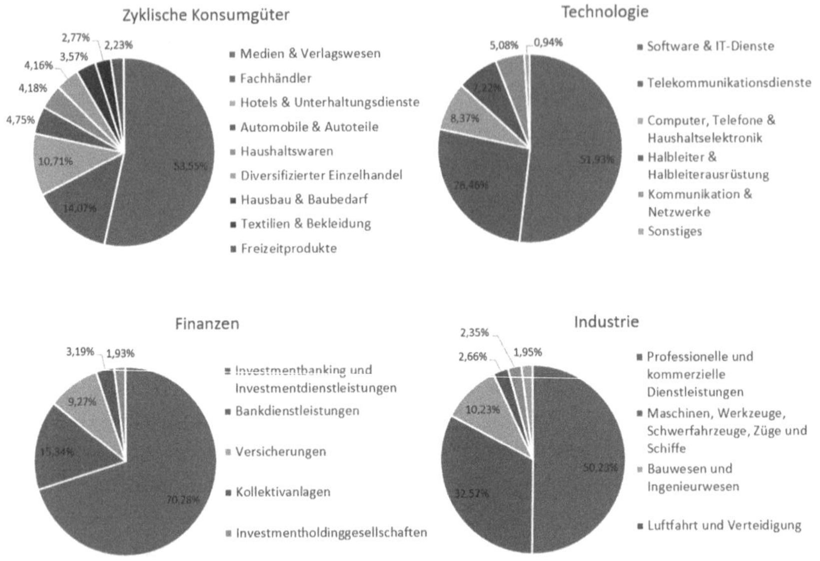

Abbildung 6.13 Verteilung der Industrie-Gruppen der Target-Unternehmen in Abhängigkeit des jeweiligen Wirtschaftssektors

Der Teil der Fachhändler mit 14,07 Prozent der Targets im Bereich der zyklischen Konsumgüter ist in der Höhe interessant und dürfte auf die steigende Breite an smarten Geräten zurückzuführen sein, welche entsprechend gelagert, vertrieben und versandt werden müssen. Große IT-Konzerne wie Apple oder Alphabet erweitern dadurch ihr Portfolio, dass ihnen eine höhere Kundenbindung im eigenen Ökosystem ermöglicht. Als letztes sei außerdem der Unterhaltungssektor mit 10,71 Prozent erwähnt. Alle nachfolgenden Bereiche sind im Verhältnis zur Gesamtzahl der Akquisitionen wenig signifikant.

Der Teil der Unterhaltungsdienstleister könnte mit dem Wachstum und Ausbau des operativen Geschäfts großer Streaming-Anbieter zusammenhängen. Es ist denkbar, dass IT-Unternehmen wie Netflix oder der schwedische Musik-Streaming Anbieter Spotify, versuchen ihre Marktposition dadurch zu stärken, denn der Streaming-Markt verzeichnete im betrachteten Zeitraum ein enormes Wachstum.

Den zweit-größten Wirtschaftssektor stellt der Industrie-Sektor dar. Die Auswertung zeigt, dass Ziel-Unternehmen aus diesem Sektor mit 50,23 Prozent überwiegend in der kommerziellen Dienstleistungs-Industrie aktiv sind. Bricht man die Auswertung auf die Aktivitäten herunter, sind es vor allem Dienstleister der Unternehmens- und Managementberatung. Hinter den Käufen aus dieser Branche, könnte einerseits ein Interesse an effizienterer Eigenverwaltung der IT-Unternehmen stehen, bedenkt man deren starkes Wachstum und Größe. Andererseits aber auch der Ausbau der Vertriebsaktivitäten digitaler Dienstleistungen oder Technologien wie Cloudcomputing.

Das Diagramm des Industrie-Sektors zeigt weiterhin, dass Ziel-Unternehmen aus dem Maschinen- und Werkzeugbau mit 32,57 Prozent ebenfalls stark vertreten sind. Die Auswertung der Aktivitäten zeigt dabei auf, dass es sich dabei vor allem um die Produktion von Elektrokomponenten und Industriemaschinen handelt. Dahinter könnten Ambitionen von IT-Unternehmen stehen, mittels vertikaler Integration zu versuchen ihre eigenen Lieferketten und Produktionen abzusichern oder mittels horizontaler Integration die eigenen Marktanteile auszubauen.

Zuletzt soll außerdem noch ein Blick auf den Technologiesektor, und damit die Industrien der häufigsten M&A-Ziele, geworfen werden. Dabei überwiegen deutlich die Software- und IT-Dienstleistungsindustrie (51,93 Prozent), gefolgt von Telekommunikationsdienstleistern (26,46 Prozent), Hardware- und Halbleiterfertigung (summiert 15,59 Prozent) sowie weiteren Netzwerktechnik-Anbietern (5,08 Prozent). Auch ausgewertet nach Aktivitäten ergibt sich ein ähnliches, wenn auch leicht differenziertes Bild aufgrund des höheren Detailgrads. Die meisten Ziel-Unternehmen sind im Software-Bereich aktiv, gefolgt von Internetanbietern und IT-Beratung und IT-Dienstleistungen. Daran reiht sich ebenfalls die Hardwarefertigung an, wobei Halbleiter an sich einen größeren Anteil der gekauften Unternehmen ausmachen als die Produktion von sonstiger Computerhardware und Peripherie.

Die Ergebnisse sind nach dem vorherigen Abschnitt wenig überraschend und verdeutlichen lediglich, die Tendenz der IT-Konzerne andere High-Tech Firmen zu akquirieren. Daher werden nun die Technologie-Konzerne der Käufergruppe anhand ihrer Industrie-Gruppen ausgewertet und mit ihren Targets noch einmal verglichen.

6.3.3 Industriegruppen der Käufer

Wie Abbildung 6.14 zeigt ähnelt die Verteilung der Industrie-Gruppen innerhalb der Käufer-Gruppe stark der Verteilung des Technologiesektors der Target-Unternehmen. Was ebenfalls darauf hindeuten könnte, dass technologischer Fit einen Faktor darstellt, auf den Unternehmen in ihrer Akquisitionsentscheidung achten. Jedoch ist es wahrscheinlicher, dass der Technologie-Sektor generell einer ähnlichen Verteilung unterliegt, bei der Firmen in der Software-Industrie die Mehrheit ausmachen, gefolgt von Telekommunikationsdienstleistern und Hardware- und Halbleiterproduzenten. Leider fehlen zur Überprüfung dieses Zusammenhangs allgemeine Marktdaten ohne M&A Bezug über die Verteilung der Unternehmen.

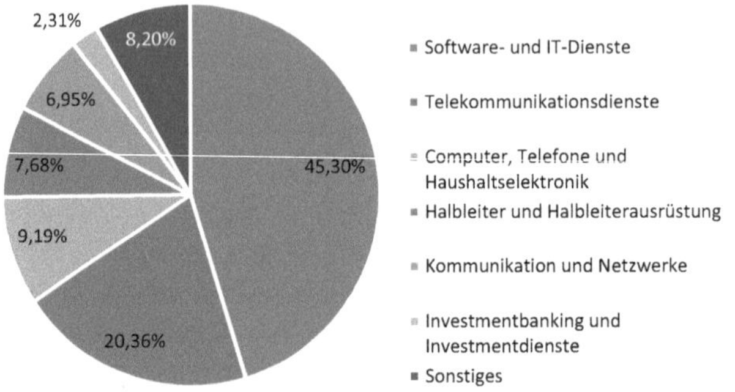

Abbildung 6.14 Verteilung der Acquiror nach TRBC-Industrie-Gruppen

Außerdem ist die Vergleichbarkeit entsprechend den Vorbedingungen an die Daten der Käufer-Gruppe eingeschränkt, da die Käufer-Gruppe ausschließlich aus Technologie-Unternehmen oder Mutterkonzernen im Technologiesektor besteht. Das erklärt auch den Anteil von 2,31 Prozent aus der Industriegruppe ‚Investmentbanking und -Dienstleistungen'. Dabei wurden beispielsweise Investmentgesellschaften von großen IT-Konzernen eingesetzt, um M&A-Transaktionen durchzuführen. Ein Beispiel für diese Praxis ist die Softbank Group Corp., welche über Tochtergesellschaften wie die Softbank Group Capital Ltd. Beteiligungen erwerben. Wie die Auswertung der Industriegruppen und der Datensatz zeigen, ist dies zwar eine in der Praxis genutzte Methode, jedoch scheint diese Art der Akquisition nur einen geringen Teil der M&A-Deals darzustellen.

Zusammenfassend hat dieser Abschnitt klar gezeigt, wo die Schwerpunkte der Käufer in der Auswahl ihrer M&A-Ziele liegen. Es wurde gezeigt, aus welchen Industrien Unternehmen vermehrt akquiriert werden, wobei die Auswertung nach Aktivitäten Vermutungen über die Motivationen hinter den Deals zuließen. Dafür bedarf es einer weiterführenden tieferen Analyse, um diese Vermutungen zu prüfen. Das ist jedoch nicht Teil dieser Arbeit und stellt einen Ansatzpunkt für weitere Forschungen dar. Darüber hinaus gab die ähnliche Verteilung der Industriegruppen von Käufern und Zielen im Technologiesektor Grund zur Annahme, dass die Branche allgemein ähnlich verteilt sein könnte. Jedoch lässt die M&A Datenbasis keine weitere Auswertung und Aussage darüber zu.

6.4 Branchen M&A-Aktivität im Zeitverlauf

Bisher wurden die Regions- und Industrieverteilung sowohl über den gesamten Datensatz als auch im Verlauf des betrachteten Zeitraums analysiert. Der Transaktionswert hingegen wurde bislang nur in Bezug auf den gesamten Zeitraum charakterisiert. Dieser Abschnitt betrachtet nun zum einen die Entwicklung der mittleren Transaktionswerte im Zeitverlauf und zum anderen die kumulierte Anzahl der Deals in den einzelnen Jahren. Anhand dieser Auswertungen lassen sich sowohl Trends als auch die Entwicklung der M&A Aktivität der gesamten Branche erkennen. Dies erlaubt Rückschlüsse auf den zweiten Teil der Forschungsfrage zu ziehen, ob die Branchendynamik sich im M&A Verhalten der Unternehmen widerspiegelt.

6.4.1 Werte der M&A-Deals

Zunächst einmal wurden für jedes Jahr das arithmetische Mittel berechnet und anschließend in einem Liniendiagramm visualisiert. Dazu wurde außerdem noch eine Trendlinie errechnet und ebenfalls in das Diagramm eingebunden. Das Ergebnis ist die nachfolgende Abbildung 6.15, die auf den ersten Blick eine klare Spitze im Jahr 1999 und einen Anstieg zum Jahr 2013 und 2015 zeigt.

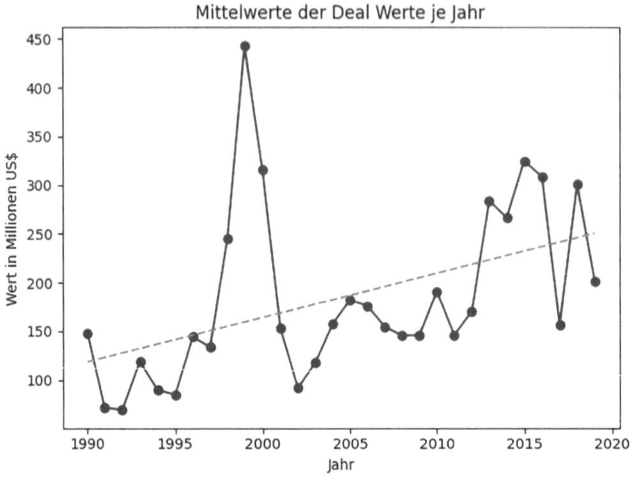

Abbildung 6.15 Entwicklung der Deal Werte gemessen am arithmetischen Mittel des jeweiligen Jahres mit orange gestrichelter Trend-Linie

Die Spitze fällt auf den Zeitraum des Anschwellens der Internetspekulationsblase, welche in den darauffolgenden Jahren geplatzt ist. Dabei war 1999 der Höhepunkt der rasanten Entwicklung des Internets der 1990er Jahre, in der viele Firmen wie unter anderem Google gegründet worden sind. Aus dieser Dynamik heraus entwickelte sich ein Hype um Technologie-Aktien von IT-Unternehmen wie sie der Nasdaq listet. Insbesondere in den späten 90er Jahren stiegen dabei die Aktienpreise von IT-Unternehmen dramatisch an, bis sie ihren Höhepunkt im März 2000 erreichten. Anschließend verlor ein Großteil der Aktien etwa zwei Drittel ihres Wertes (BATTALIO & SCHULTZ, 2006).

Die hohen Aktienpreise wirkten sich dabei auch auf die Unternehmensbewertungen aus, die somit auch die M&A-Preise insbesondere für öffentlich gehandelte Unternehmen ansteigen ließen und folglich zu diesem Ausbruch der Deal-Werte geführt haben. Außerdem enthält das Jahr 1999, mit der bereits erwähnten feindlichen Übernahme der Mannesmann AG durch die Vodafone Gruppe für mehr als 202 Milliarden US-Dollar, einen starken Ausreißer Wert. Dieser beeinflusste zwar definitiv die Höhe des arithmetischen Mittels, aber dennoch gab es neben der Mannesmann Übernahme allein zwölf andere Deals mit einem Wert von über zehn Milliarden US-Dollar. Wobei der höchste Wert dieser zwölf, und damit die zweitgrößte Transaktion 1999, einen Deal-Wert von über 65 Milliarden US-Dollar besitzt und ebenfalls von der Vodafone Gruppe ausging.

Der Anstieg in den 2010er Jahren ist im Jahr 2013 ebenfalls auf eine Große Transaktion zurückzuführen. Die Verizon Commnications Inc. erwarb damals die restlichen 45 Prozent der Anteile an der Verizon Wireless Inc. von ihrem Joint Venture Partner der Vodafone Group PLC für über 130 Milliarden US-Dollar. Abseits dieser Transaktion gab es nur zwei weitere Transaktionen über zehn Milliarden US-Dollar, um ein Verhältnis zum Jahr 1999 zu schaffen. Die beiden M&A Deals hatten je einen Wert von 16 und 11 Milliarden US-Dollar.

Das hohe Niveau der folgenden Jahre lässt sich hingegen anhand mehrerer Deals im Milliarden-Dollar Bereich erklären, jedoch hatten beide Jahre keine vergleichsweisen starken Ausreißer wie 2013 oder 1999.

Betrachtet man abschließend die Trendlinie, wird deutlich, dass der durchschnittliche Wert der M&A-Deals gestiegen ist, auch wenn es ein – bezogen auf die Kurve – unsteter Anstieg war. Um diesen Trend zu erklären, müssen auch die absoluten Häufigkeiten der M&A Deals betrachtet werden.

6.4.2 Deal Häufigkeit

Denn der Deal-Wert stellt nur ein Maß dar, um die M&A-Aktivität zu quantifizieren. Die absoluten Häufigkeiten der M&A Deals in den jeweiligen Jahren bieten eine andere Sicht auf die Entwicklung der M&A Aktivität. Diese wurden in Abbildung 6.16 geplottet.

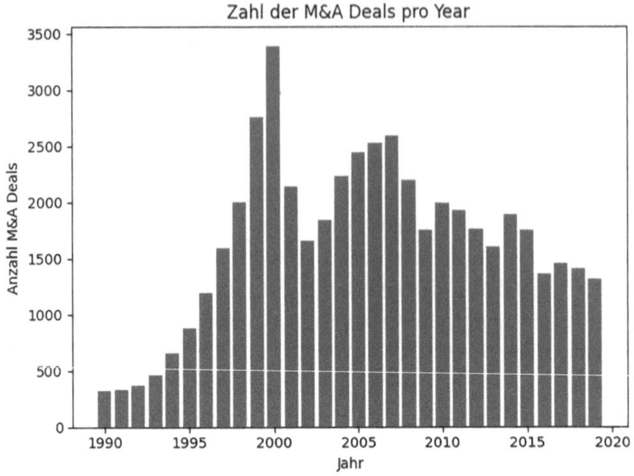

Abbildung 6.16 Entwicklung der M&A Aktivität gemessen an der kumulierten Anzahl an Deals je Jahr

Auch mit Blick auf die Zahl der Transaktionen wird die Dynamik der 90er Jahre deutlich. Vor dem Shakeout der frühen 2000er Jahre, kam es zu einem nahezu exponentiellen jährlichen Wachstum der M&A Deals. Ein Grund dafür liegt auch in der hohen Zahl an Unternehmensgründungen und IPOs Ende der 90er Jahre. Durch die Börsengänge und hohen Kursen an den Börsen, konnten IT-Unternehmen viel Liquidität generieren, die wiederum in Forschung und Entwicklung, aber auch andere Unternehmen sowie deren Technologien, reinvestiert werden konnte. Dadurch sorgte die Überbewertung der Unternehmen an den Aktienmärkten auch für eine wachsende M&A-Aktivität der IT-Branche.

Interessanterweise ist die Spitze nach Anzahl der M&A Deals jedoch nicht 1999, wie beim durchschnittlichen Transaktionswert, sondern das anschließende Jahr 2000. Dies hängt damit zusammen, dass die Trendumkehr erst im März 2000 geschehen ist und der anschließende Preisrückgang am Aktienmarkt, sowie der damit verbundene Branchen-Shakeout, sich kontinuierlich über die anschließenden zwei Jahre zog. Dadurch wuchs die Zahl der M&A Deals im ersten Quartal 2000 noch an, bevor sie ebenfalls bis zum zwischenzeitlichen Tiefststand 2002 hin abfiel.

An den Tiefststand schloss sich eine Phase mit erneut wachsenden M&A-Zahlen bis 2007 an. Seit diesem Zwischenhoch ist der Trend der jährlichen M&A

Deals jedoch rückläufig, mit einigen wenigen Ausnahmen. Wie die Auswertung in Abbildung 6.7 gezeigt hat, erfuhr der M&A Markt in China ein ähnlich nahezu exponentielles Wachstum wie die westliche Welt Ende der 90er, jedoch um etwa 15 Jahre zeitversetzt. Dieser Anstieg ist auch in Abbildung 6.16 in den Jahren 2014 und 2015 zu erkennen.

6.4.3 Dynamik der Branche

Betrachtet man die beiden Auswertungen der letzten Abschnitte gemeinsam, wird deutlich, dass auch die M&A-Aktivität die Dynamik und die Euphorie der hohen Innovationskraft der Branche widerspiegelt.

Dennoch wird auch ersichtlich, dass die Branche trotz ihres High-Tech-Charakters einem typischen Branchenzyklus unterliegt. Mit einer starken Wachstumsphase vor 2000, dem anschließenden ‚Shakeout' und einem letztlich etablierteren Marktumfeld. Letzteres verdeutlicht sich durch den rückgängigen Trend der M&A Transaktionen, da sich in dieser Phase das Marktumfeld etabliert hat, die Marktanteile geringeren Schwankungen unterliegen und dabei weniger neue Konkurrenten auf den Markt drängen (Klepper, 2018). Durch weniger junge Unternehmen im Markt gibt es auch entsprechend weniger potenzielle M&A-Targets für die etablierten IT-Konzerne, weshalb der Trend der Anzahl an M&A Deals jährlich zurück geht. Durch die dennoch wachsenden Unternehmen innerhalb der Branche und die gleichzeitig sinkende Anzahl an kleinen Targets, wächst entsprechend auch das Transaktionsvolumen der Deals im Durchschnitt, was den positiven Trend in Abbildung 6.15 erklärt.

Eine Umkehr dieser Branchenentwicklung könnte nur durch starke Impulse geschaffen werden, wie beispielsweise große Innovationen die innerhalb des IT-Sektors neue Märkte generieren. Die jüngsten Entwicklungen zu künstlicher Intelligenz, großen Sprachmodellen und Bildgeneratoren wären ein Beispiel für so einen Impuls. Jedoch sind sie nicht im Umfang dieses Datensatzes enthalten, lassen aber Raum für zukünftige Studien.

6.5 Weitere Charakteristika

Nachdem bereits einige Charakteristiken des M&A Verhaltens der IT-Konzerne dargestellt wurden, werden in diesem Abschnitt weitere Variablen ausgewertet, die Aufschluss über das M&A-Verhalten liefern. Begonnen wird dabei mit den Motiven der M&A-Deals, bevor einige weitere Eigenschaften der Deals und beteiligten Unternehmen betrachtet werden.

6.5.1 Motive der M&A-Deals

Es wurde anfangs dargestellt, dass Käufer-Unternehmen die Ziele ihrer M&A-Aktivitäten überwiegend in die eigenen Prozesse integrieren, anstatt sie weiter zu veräußern. Um die Gründe für dieses Verhalten weiter zu untersuchen, wird das Feld ‚Purpose', zu Deutsch „Zweck" ausgewertet. Es wurde in etwa 43,47 Prozent der Fälle ausgefüllt und bietet damit einen ausreichenden Stichprobenumfang. Da Mehrfachantworten in dieser kategorischen Variable möglich waren, wurden die zusammengefügten Antworten zunächst getrennt und der Datensatz angereichert, sodass jeder Zweck für jede Transaktion eine eigene Zeile hat und einzeln in der Auswertung erfasst werden kann.

Die in Abbildung 6.17 dargestellten Prozentzahlen ergeben sich aus den absoluten Häufigkeiten der Angegebenen Gründe im Verhältnis zu der Anzahl an Transaktionen bei denen Angaben zum Zweck gemacht wurden. Aufgrund der Mehrfachantworten summieren sich die Prozentzahlen daher zu mehr als 100 % auf. Die gesamte Übersicht an absoluten und relativen Zahlen sind dem Anhang A im elektronischen Zusatzmaterial zu entnehmen.

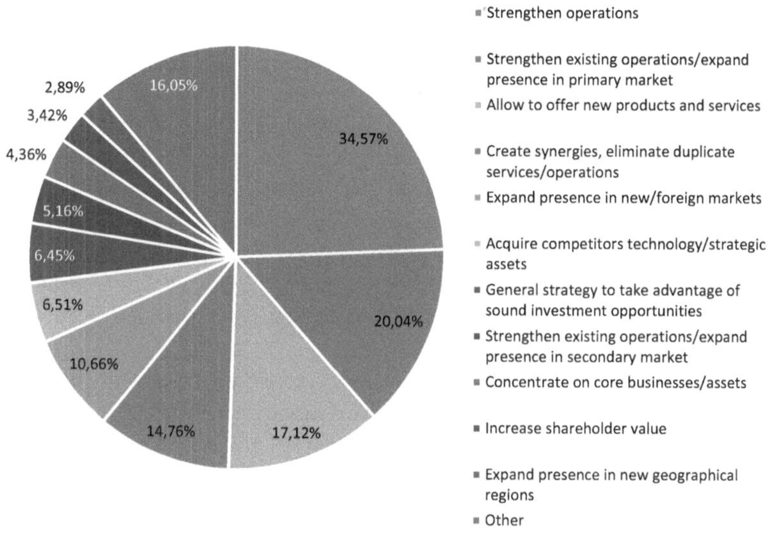

Abbildung 6.17 Auswertung ‚Purpose' Gründe für die M&A-Aktivitäten[4]

Die häufigsten Motive im Datensatz stellen ‚Strengthen operations' und ‚Strengthen exisiting operations/expand presence in primary market' mit 34,57 % und respektive 20,04 % dar. Man kann an dieser Stelle nicht beide Gruppen gemeinsam betrachten, da die Mehrfachantworten eine Überschneidung der beiden Gruppen nicht ausschließen, dennoch zeigen diese Ergebnisse, dass ein klarer Bezug der M&A-Aktivität zum Primärmarkt besteht und eines der häufigsten Motive für M&As im IT-Sektor das Stärken der operativen Tätigkeiten darstellt. Daran schließt sich auch „Create synergies, eliminate duplicate services/ operations" an, bei dem Synergien mit den Ziel-Unternehmen geschaffen und Angebote verschlankt werden sollen, was letztlich zu einem größeren Marktanteil führen kann – dies wurde in 14,76 % der Fälle angegeben. Der Fokus auf

[4] Innerhalb des Datensatzes gab es die Auswahl ‚Other'. Die im Diagramm dargestellten 16,10 % bestehen daher aus den zusammengefassten Gründen die kleiner zwei Prozent waren und den tatsächlichen 11,09 % bei denen ‚Other' als Grund angegeben wurde.

den Primärmarkt deckt sich ebenfalls mit den vorherigen Erkenntnissen, dass ein Großteil der M&A-Deals national stattfindet.

Interessant ist weiterhin, dass am häufigsten nach dem Stärken der Geschäftstätigkeiten in 17,12 % der Fälle angegeben wurde, durch die Transaktion neue Produkte und Services anbieten zu wollen. Hingegen galten aber nur 6,51 % der betrachteten Transaktionen dem Erwerben neuer Technologien oder strategischer Vermögenswerte. Das erscheint ungewöhnlich, da man davon ausgehen könnte, dass neue Technologien notwendig sind, um neue Produkte und Dienstleistungen anbieten zu können. Jedoch sind insbesondere Dienstleistungen oft mit immateriellen Vermögenswerten verbunden, wie beispielsweise einem Netzwerk oder Kundenstamm. Dennoch zeigen die Ergebnisse, dass die Übernahme anderer Unternehmen als Innovationstreiber ebenfalls ein wichtiger Faktor der Branche ist, was sich dabei mit den Erkenntnissen der bisherigen Fachliteratur deckt.

Ein weiterer treibender Faktor der M&A Aktivitäten besteht in der Expansion in neue ausländische Märkte. Diese Motivation spiegelt sich in den Feldern „Expand presence in new/foreign markets“ mit 10,66 %, „Strengthen exisiting operations/expand presence in secondary market“ mit 5,15 % und „Expand presence in new geographical regions“ mit 2,89 % wider. Daran ist zu erkennen, dass M&As für die IT-Branche auch ein Werkzeug darstellen, um neue Märkte zu erschließen und ihre Aktivitäten in diesen auszubauen.

Zusammengefasst, betrachtet man die angegebenen Gründe für die Transaktionen gesamtheitlich, deckt sich das Bild mit den vorhergehenden Erkenntnissen, dass IT-Unternehmen die erworbenen Unternehmen vorwiegend integrieren beziehungsweise deren Anteile halten. Sie nutzen M&As als Werkzeug um neue Märkte und Technologien zu erschließen sowie um in ihrem dynamischen Umfeld wettbewerbsfähig zu bleiben. Letzteres wird auch durch den hohen Anteil an M&A Transaktionen deutlich, die zur Stärkung bestehender Operationen beitragen sollen.

6.5.2 Öffentlichkeit der Unternehmen

Eine weitere Erkenntnis der bisherigen Forschung ist es, dass private Ziel-Unternehmen der M&As zu höheren Renditen führen als öffentlich gehandelte (Benou & Madura, 2005). Geht man von der Annahme aus, dass Firmen stets eine höhere Rendite anstreben, impliziert dies, dass vorzugsweise private M&A-Ziele gewählt werden. Für den Datensatz würde das wiederum bedeuten, dass der überwiegende Teil der Target-Gruppe aus privaten Unternehmen besteht (Abbildung 6.18).

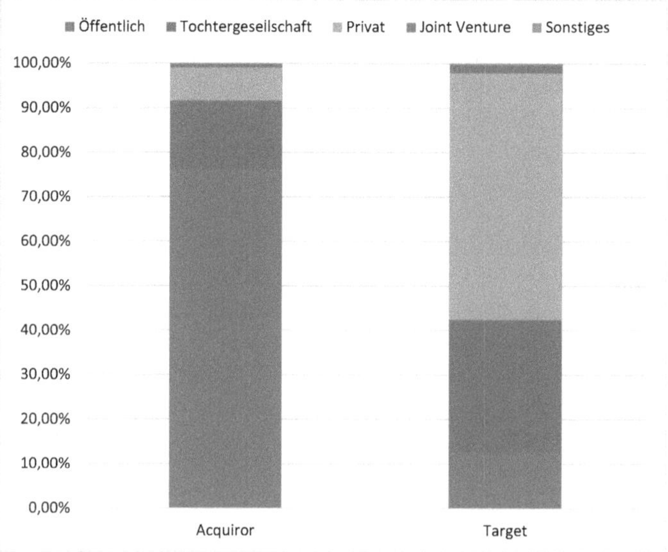

Abbildung 6.18 Verteilung der M&A Deals nach Öffentlichkeits-Status der jeweils beteiligten Acquiror und Targets

Und tatsächlich ist der Anteil an privaten Targets im Datensatz bei über 55 Prozent. In Verbindung mit den Tochtergesellschaften, die ebenfalls oft nicht öffentlich gehandelt sind, wächst der Anteil auf 85 Prozent. Öffentlich gehandelte Ziel-Unternehmen machen nur knapp 13 Prozent M&A Deals der Target-Gruppe aus. Ein umgekehrtes Bild ergibt sich in der Acquiror Gruppe. In über 76 Prozent der M&A Deals trat ein öffentlich gehandeltes Unternehmen als Käufer auf, während knapp über 15 Prozent der Käufer Tochtergesellschaften waren und nur in 7,4 Prozent der Deals ein privates Unternehmen als Käufer auftrat.

Diese Ergebnisse zeigen, dass überwiegend öffentlich gehandelte Unternehmen als Käufer auftreten und dabei in den Häufigsten Fällen private Unternehmen oder Tochtergesellschaften erwerben und nur selten andere öffentlich gehandelte Unternehmen oder deren Anteile akquirieren. Dies könnte damit zusammenhängen, dass die Akquisition privater Ziele oder Tochtergesellschaften sich einfacher gestaltet als der Erwerb eines Börsengelisteten Unternehmens und geringere

Kaufnebenkosten, aufgrund der kleineren Zahl an Stakeholdern, erzeugt. Außerdem wurde zuvor aber auch in anderen Studien gezeigt, dass es sich bei den Ziel-Unternehmen im Schnitt um kleinere junge Firmen handelt, die schlicht im Zeitpunkt der Akquisition noch keinen Börsengang vollzogen haben.

Auch eine Auswertung je Jahr wurde gemacht, um nach Trends zu suchen, jedoch blieben die Anteile im Zeitverlauf relativ konstant. Erwähnenswert ist dabei nur, dass in der Acquiror-Gruppe nach 2014 ein Anstieg an Tochtergesellschaften zu verzeichnen war, während der Teil der Öffentlichen Unternehmen die an M&A Deals beteiligt waren proportional zurück ging.

6.5.3 Zahlungsstruktur

Zuletzt in diesem Abschnitt wird außerdem noch die Zahlungsstruktur aus dem Feld ‚Final Consideration Structure' betrachtet. Das Feld enthielt dabei auch die Werte ‚Unbekannt' und ‚Sonstige'. Da beide Antwortmöglichkeiten keine Aussage zur tatsächlichen Zahlungsstruktur des jeweiligen Deals zuließen, wurde der Datensatz, vor der in Abbildung 6.19 gezeigten Auswertung, von den entsprechenden Deals bereinigt.

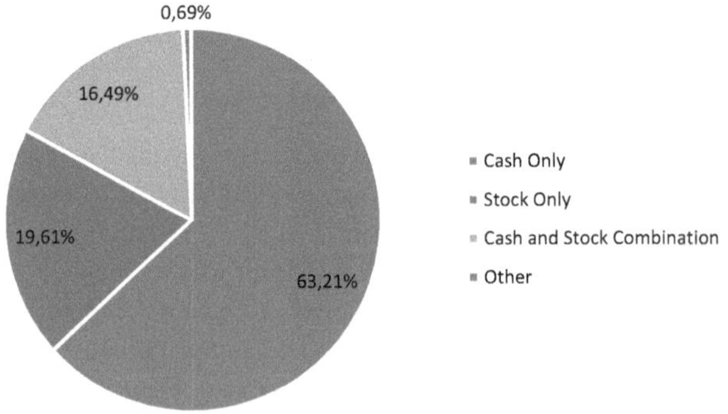

Abbildung 6.19 Verteilung der Zahlungsmethoden der M&A Deals

Dabei wurden 63,21 Prozent der verbliebenen Deals ausschließlich durch Barmittel bezahlt, dagegen 19,61 Prozent ausschließlich in der Form von Aktien und

16,49 Prozent durch eine Kombination aus beidem. Die Fachliteratur sah in ihren Datensätzen dagegen zum Teil einen hohen Anteil an Zahlungen in Aktien, entweder ausschließlich oder kombiniert mit Barmitteln. Angesichts der betrachteten Zeiträume, die teilweise sich auf die Jahre der 90er beschränkten, können diese Beobachtungen auch in diesem Datensatz bestätigt werden, wie Abbildung 6.20 zeigt.

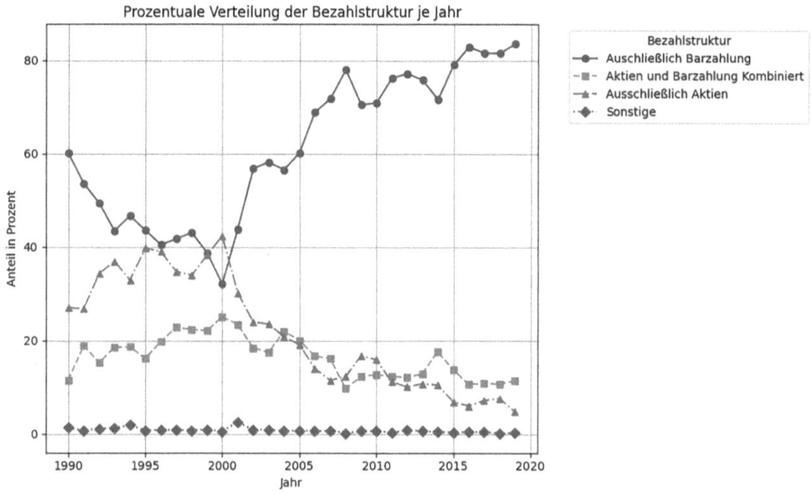

Abbildung 6.20 Verteilung der Zahlungsmethoden je Jahr

Jedoch handelte es sich dabei um die Wachstumsphase der Industrie – vor dem Platzen der Internet-Spekulations-Blase im März 2000. In dieser Phase wurden die Unternehmen enorm hoch am Aktienmarkt bewertet, was zwei Folgen hatte, die den hohen Anteil an Zahlungen mittels Aktien erklären. Einerseits waren die Aktien enorm hoch bewertet, was den kaufenden Unternehmen bei einer Zahlung in Form von Aktien einen Preisvorteil gegenüber Barzahlungen bot. Andererseits verstärkte die hohe Spekulation im Markt auch die bereits hohe Unsicherheit über die Potenziale der möglichen Ziel-Unternehmen. Durch eine Zahlung in Form von Aktien, konnte ein Teil des Risikos der Überbewertung des akquirierten Unternehmens auf die Eigentümer des Ziel-Unternehmens übertragen werden.

Nachdem jedoch die Spekulationsblase 2000 geplatzt ist und die Unternehmen am Aktienmarkt über die nächsten Jahre etwa zwei Drittel an Wert verloren, ging entsprechend auch der Anteil an Aktienzahlungen zurück. Daran lässt sich auch der Phasenübergang von Wachstum zu einer etablierten Industrie erkennen. Denn die zurückgehende Zahl an Zahlungen in Form von Aktien bedeutet wiederum auch, dass den M&A Transaktionen in Bezug auf die Ziel-Unternehmen und deren Wert weniger Unsicherheit unterliegt. Und angesichts dessen, wird ebenfalls noch einmal die Shakeout-Charakteristik der frühen 2000er Jahre deutlich.

Entsprechend decken sich die Beobachtungen in Abbildung 6.20 auch mit den Beobachtungen aus den vorherigen Abschnitten.

6.6 Korrelations- und Assoziationsanalysen

Zum Abschluss des Auswertungsteils dieser Arbeit wurden die einzelnen Variablen noch auf ihre Zusammenhänge hin untersucht. Wie bereits in Kapitel 5 beschrieben wurden dafür drei verschiedene Teststatistiken berechnet. Zuerst werden die Zusammenhänge der kardinal skalierten numerischen Variablen im Datensatz, durch die Berechnung des jeweiligen Pearson-Korrelationskoeffizienten, dargestellt. Anschließend wird die Cramers V Teststatistik für die nominal skalierten kategorischen Variablen verwendet und in einem letzten Schritt die Eta-Koeffizienten, um die Zusammenhänge zwischen den nominalen Variablen und dem Deal Value als auch dem Jahr der Deals zu beziffern. Letztere Auswertung komplettiert damit die Betrachtungen der Charakteristiken im Zeitverlauf.

Die Auswertungen sollen abschließend dazu dienen, die bisherigen Betrachtungen zu diskutieren und mögliche weitere Zusammenhänge im Datensatz aufzuzeigen. Dabei werden insbesondere die Zusammenhänge zum Dealwert in den Fokus gerückt.

6.6.1 Pearson-Korrelationskoeffizienten

Betrachtet man die Matrix in Abbildung 6.21, ist zunächst einmal festzustellen, dass es keine nennenswerten linearen Zusammenhänge zwischen dem Jahr der Transaktion und den Variablen gibt, obwohl wie in den vorherigen Betrachtungen gezeigt, teils Trends zu erkennen sind. Jedoch wird die Zahl der Deals je Jahr und deren Individualität zu hoch sein, als das ein linearer Zusammenhang bestehen könnte.

Geht man weiter in Zeile zwei und betrachtet den Dealwert, zeichnet sich ein anderes Bild ab, dieser korreliert mit mehreren Variablen teils mittel bis hoch. Die höchste Korrelation ist mit 0,78 wenig überraschend mit dem Marktwert des

Ziel-Unternehmens. Dass sich der Kaufpreis der M&A Transaktion am Unternehmenswert orientiert, ist logisch, wobei die Abweichung zu eins mit etwaigem Bad- beziehungsweise Goodwill und individuellen Bedingungen zu erklären sein dürften.

Interessant ist die hohe Korrelation zwischen dem Deal Wert und den Forschungs- und Entwicklungsausgaben. Es wurde ein positiver Zusammenhang vom 0,67 errechnet, sodass tatsächlich ein linearer Zusammenhang zu bestehen scheint, zwischen der Forschungsaktivität und Innovativität der Ziel-Unternehmen und dem gezahlten Transaktionspreis für das jeweilige Unternehmen. Hohe Ausgaben für Forschung und Entwicklung scheinen dabei auch direkten Einfluss auf die Unternehmensbewertung zu haben, da diese beiden Variablen ebenfalls eine hohe Korrelation von 0,65 aufweisen. Die Kausalität an dieser Stelle ist dadurch gegeben, dass ein junges innovatives Unternehmen mit höheren Ausgaben für Forschung und Entwicklung wahrscheinlicher Innovationen hervorbringt und damit höhere Erwartungen am Markt weckt. Weshalb auch der Marktwert mit entsprechenden F&E Ausgaben steigt und dadurch letztlich auch der Dealwert.

Aber nicht nur der Marktwert des Zielunternehmens, sondern auch der des Käufer-Unternehmens, besitzt eine positive hohe Korrelation mit dem Dealwert. Dabei ist denkbar, dass eine hohe Bewertung des kaufenden Unternehmens auch mit einer besseren Liquidität verbunden ist und damit höhere Preise für das Ziel-Unternehmen geboten werden können. Denn der Marktwert des Käufers korreliert sehr stark positiv mit dessen Nettovermögen und Nettoumsatz. Außerdem korreliert auch die Anzahl an Mitarbeitern mit diesen Werten stark positiv, wie gut zu sehen ist in dem Quadrat zwischen den Indizes drei und sieben in der Korrelationsmatrix. Die Mitarbeiteranzahl ist dabei ebenfalls ein Maß für die Unternehmensgröße und entsprechend ist mit mehr Mitarbeitern in einem effizienten wirtschaftlichen Unternehmen auch ein höherer Umsatz und höhere Vermögenswerte zu erwarten, was sich positiv auf die Bewertung des Unternehmens auswirkt. Entsprechend dadurch korrelieren diese Werte auch indirekt positiv mit dem Dealwert, da wie zuvor dargestellt, ein positiver Zusammenhang zwischen dem Marktwert des Käufer-Unternehmens und dem Dealwert besteht.

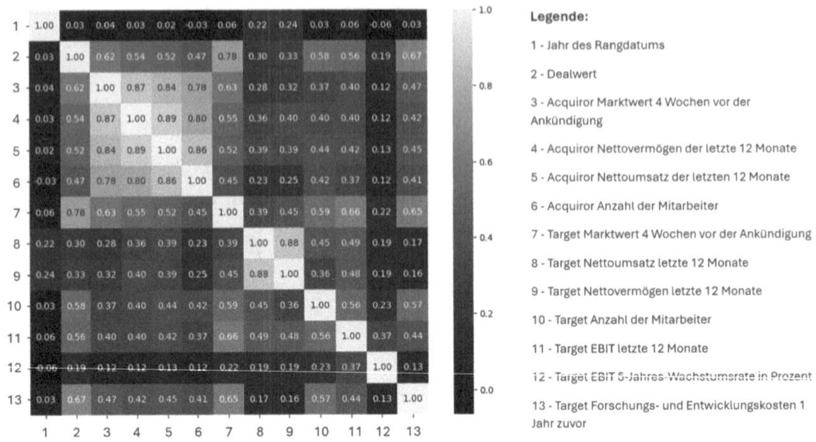

Abbildung 6.21 Matrix der Pearson-Korrelationskoeffizienten mit farblicher Kennzeichnung

Dass die vier Charakteristiken der Käufer-Unternehmen untereinander ebenfalls sehr stark korrelieren, impliziert auch, dass es sich bei diesen Unternehmen um etabliertere Unternehmen handelt, deren Marktwert weniger Unsicherheiten unterliegt.

Ein anderes Bild zeichnet sich nämlich bei den Ziel-Unternehmen ab. Die Bewertung dieser Unternehmen ist linear weniger mit deren Umsätzen und Vermögenswerten korreliert. Das deutet darauf hin, dass im Marktwert der Ziel-Unternehmen mehr zukünftige Erwartungen eingepreist sind als in dem der Käufer-Gruppe. Das deutet ebenfalls an, dass in der Ziel-Gruppe eher junge innovative Unternehmen vertreten sind im Vergleich zur Käufergruppe und deckt sich damit mit den vorherigen Erkenntnissen. Die wichtigeren Kennzahlen für die Bewertung der Ziel-Unternehmen scheinen hingegen die Mitarbeiteranzahl und das EBIT zu sein. Die Mitarbeiterzahl könnte dabei nicht nur ein Maß für die Größe und ggf. Reife des Ziel-Unternehmens sein, sondern auch deren Potenzial im Bereich Forschung und Entwicklung widerspiegeln. Der Einfluss des EBIT wird ebenfalls deutlich, wenn man bedenkt, dass auch frühere Studien gezeigt haben, dass die Ziel-Unternehmen überwiegend niedrige oder keine Gewinne erzielen. Entsprechend hat der operative Gewinn einen positiven Zusammenhang zum Marktwert des Unternehmens.

Da der Marktwert des Ziel-Unternehmens ausschlaggebend für den Dealwert ist, bestehen analog zur Käuferseite auch indirekte Korrelationen zwischen dem Dealwert und der Mitarbeiteranzahl des Ziel-Unternehmens sowie dem EBIT. Die Ausgaben für Forschung und Entwicklung jedoch, zeigen rechnerisch eine leicht höhere Korrelation mit dem Dealwert direkt als mit dem Marktwert des Ziels, weshalb hier anders als bei der Mitarbeiterzahl und dem EBIT von einem direkten Einfluss ausgegangen werden kann.

6.6.2 Cramers V Teststatistiken

Da nun die Korrelationen zwischen den kardinal skalierten Variablen dargestellt wurden, folgen analog die nominal skalierten Variablen. Dabei wird aus der Matrix der Cramers V Teststatistiken in Abbildung 6.22 sofort ersichtlich, dass es zwischen den Kategorischen Variablen kaum bis keine nennenswerten linearen Assoziationen gibt. Die wenigen herausstechenden Zusammenhänge bestehen lediglich zwischen der Variable „Grenzüberschreitender Deal“ und „Acquiror Mutterkonzern und Target aus gleicher Region“ mit 0,7 sowie der Sub-Region des Acquiror Mutterkonzerns und Targets mit 0,58. Beides war bereits durch die vorherigen Auswertungen der Felder zu erwarten, da wie in Abschnitt 6.2.3 dargelegt, der überwiegende Teil der Transaktionen weder grenzüberschreitend noch regionsübergreifend war. Entsprechend ist der starke, aber nicht perfekte Zusammenhang der Variablen erklärbar.

Darüber hinaus gibt es leider keine hohen oder mittleren Assoziationen, was jedoch ebenfalls interessant ist, da man bei einigen Variablen einen Zusammenhang hätte vermuten können. So zum Beispiel hätte es einen Zusammenhang zwischen der Deal-Form und der Zahlungsstruktur geben können, der mit 0,18 aber nur sehr schwach ausfällt.

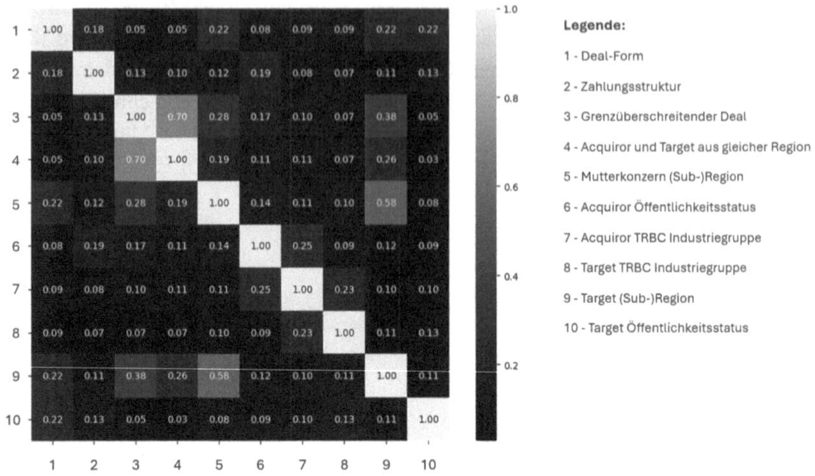

Abbildung 6.22 Matrix der Cramers V Teststatistiken mit farblicher Kennzeichnung

Die Auswertung zeigt auch, dass es keine weiteren bemerkenswerten linearen (sub-) regionsbezogenen Besonderheiten gibt, wie beispielsweise ein Zusammenhang zwischen der jeweiligen Subregion und der Form des Deals (0,22) oder der Zahlungsstruktur (0,12). Hätte beispielsweise eine Region wie China überwiegend Joint Ventures als M&A Form genutzt, wäre ein Zusammenhang denkbar gewesen – auch wenn Angesichts der Größe und Vielfalt des M&A Datensatzes ein linearer Zusammenhang sehr unwahrscheinlich erscheint. Dabei sei auch angemerkt, dass mit den Ergebnissen dieses Abschnitts ein nicht-linearer Zusammenhang nicht ausgeschlossen werden kann. Zumal geringe Assoziationen zum Teil vorhanden sind, wie beispielsweise auch zwischen dem Status der Öffentlichkeit des Ziels und der Deal-Form mit 0,22.

6.6.3 Eta-Koeffizienten

Zuletzt werden noch die Zusammenhänge der nominal skalierten Variablen mit dem Jahr des Rangdatums und dem Deal Wert als kardinal skalierte Variablen mittels Eta-Koeffizient berechnet. Die Ergebnisse sind nachfolgend in Tabelle 6.4 dargestellt.

Tabelle 6.4 Eta-Koeffizienten als Zusammenhangsmaß zwischen kategorischen Variablen, Deal Wert und Jahr

	Jahr des Rangdatums	Deal Wert
Deal-Form	0,03	0,03
Zahlungsstruktur	0,12	0,02
Grenzüberschreitender Deal	0,00	0,01
Acquiror und Target aus gleicher Region	0,00	0,01
Mutterkonzern (Sub-)Region	0,17	0,04
Acquiror Öffentlichkeitsstatus	0,02	0,01
Acquiror TRBC Industriegruppe	0,04	0,03
Target TRBC Industriegruppe	0,04	0,03
Target (Sub-)Region	0,15	0,04
Target Öffentlichkeitsstatus	0,00	0,09

Auch hier finden sich ähnlich zur Cramers V Teststatistik nur niedrige Assoziationen, wobei die höchsten mit 0,15 und 0,17 zwischen dem Jahr und den (Sub-)Regionen der Ziel- und respektiv Käufer-Unternehmen besteht. Dieser leichte Zusammenhang ergibt sich aus den Trends, die schon in den Abbildung 6.5 und 6.8 erkennbar waren, wobei die relative Häufigkeit von Nordamerika über die betrachteten 30 Jahre sank, während die Nordasiens insbesondere in den letzten Jahren stark anstieg. Ein ähnliches Bild zeichnet sich bei dem Jahr und der Zahlungsstruktur ab (0,12), was ebenfalls bereits in Abbildung 6.20 erkennbar war und die Ergebnisse aus den vorherigen Auswertungen bekräftigt. Die relative Häufigkeit der Transaktionen, die durch Barmittel gezahlt wurden, stieg an, während die Nutzung von Aktien als Zahlungsmittel zurückging.

Aus den restlichen Ergebnissen, die stets kleiner 0,1 sind, können dennoch weitere Erkenntnisse abgeleitet werden. Zum einen scheint für die verbleibenden kategorischen Variablen keine nennenswerte Entwicklung über den Zeitraum des Datensatzes stattgefunden zu haben. Zum anderen wird rechnerisch kein linearer Zusammenhang zwischen den kategorischen Variablen und dem Dealwert deutlich.

Abschließend lässt sich also feststellen, dass die Assoziations- und Korrelationsanalysen in diesem Abschnitt die vorherigen Ergebnisse bekräftigen. Außerdem wird ersichtlich, dass die vorherigen Auswertungen die Charakteristiken und Branchenentwicklungen gut einzufangen scheinen, da unter anderem Zahlungsstruktur und Regionsverteilung, die schwach mit dem Jahr korrelieren, auch über den Zeitraum dargestellt und betrachtet wurden. Während hingegen andere Auswertungen über den gesamten M&A Datensatz analysiert wurden, wie beispielsweise die Verteilung des Öffentlichkeitsstatus, für die in Tabelle 6.4 mit 0,02 auch nahezu kein Zusammenhang festgestellt wurde.

7 Fazit

Zum Abschluss der Arbeit werden noch einmal die Ergebnisse der Auswertungen zusammengefasst. Zunächst einmal wurde dabei ersichtlich wie divers und breit gestreut das M&A Umfeld im IT-Sektor tatsächlich ist. Sowohl in Bezug auf die Käufer- als auch Ziel-Unternehmen. Dennoch konnten zwischen diesen Gruppen und den Deal-Charakteristiken einige Regelmäßigkeiten, Zusammenhänge und Trends festgestellt werden, die das M&A-Verhalten der Branche selbst charakterisieren, was angesichts der breiten Spanne, in der sich die Deals bewegen, beachtlich ist.

7.1 Charakteristiken des M&A Verhaltens

Die Arbeit betrachtete dabei zunächst die beiden Gruppen der beteiligten Unternehmen. Es wurde festgestellt, dass die Käufer-Unternehmen größer und etablierter als ihre Targets sind und anders als diese, überwiegend öffentlich gehandelt werden. Die Ziel-Unternehmen waren hingegen meist Tochtergesellschaften oder in privatem Besitz. Dabei wurde mit Blick auf die Deal-Charakteristik auch deutlich, dass der überwiegende Teil der M&As Akquisitionen waren und nur etwa ein Viertel der Deals auf Fusionen entfiel. Ebenfalls wurde dargelegt, dass die akquirierten Unternehmen überwiegend in die operativen Prozesse der Käufer integriert wurden.

Weiter haben die Auswertungen gezeigt, dass die Auswahl der Ziele der M&A Transaktionen, überwiegend auf Unternehmen aus der gleichen Region fällt. Dabei lag der Schwerpunkt der M&As in den Regionen Nordamerika, Westeuropa, Japan und Nordasien. Wobei der Trend in Nordamerika rückläufig ist, während insbesondere in den jüngsten Jahren, der nordasiatische Anteil stark gewachsen ist. China, als einer der Treiber dieser Entwicklung, erfuhr in den

B. Engelhardt, *Globale IT-Konzerne: Giganten einer schnelllebigen Branche*, BestMasters, https://doi.org/10.1007/978-3-658-49620-3_7

frühen 2010er Jahren ein erstaunliches und ähnlich exponentielles Wachstum der M&A-Aktivität wie die westlichen Länder Ende der 90er Jahre. Es ist interessant zu sehen, wie sich die Branchenentwicklung dort etwa 15 Jahre zeitversetzt abspielt.

Aber auch in China, beziehungsweise der aufstrebenden (Sub-)Region Nordasien, wurden die meisten Akquisitionen innerhalb der Region getätigt. Die Gründe dafür sind vielfältig, unter anderem spielt eine kulturelle Ähnlichkeit eine Rolle, welche die Integration erleichtert, wie auch die Studien von Cassiman & Colombo (2005) und Hart & Holmström (2010) gezeigt haben. Die Auswertung der Motive der M&A Transaktionen machten den Fokus auf den Primärmarkt sowie den Ausbau der operativen Tätigkeiten ebenfalls ersichtlich und bieten damit einen weiteren Erklärungsgehalt für dieses Verhalten. Es ist entsprechend erstaunlich, dass eine so international agierende und verstrickte Branche wie die Informationstechnologie, dennoch so stark auf nationale beziehungsweise innerregionale M&A Targets setzt.

Darüber hinaus nutzen IT-Unternehmen M&As dennoch auch als Werkzeug, um neue Märkte und Technologien, zu erschließen. Dabei erwarben die IT-Konzerne vorwiegend andere High-Tech-Unternehmen, die ebenfalls im Technologie-Sektor aktiv sind. Dies hängt nicht zuletzt auch mit der technologischen Überschneidung zusammen, die sich positiv auf den Erfolg des Deals auswirkt und auch den Eintritt in Sekundärmärkte vereinfacht. Der größte Teil der IT-Unternehmen auf Käufer- und Ziel-Seite, kam dabei aus dem Software-Bereich.

Jedoch wurde auch der Trend ersichtlich, dass der Anteil an Targets aus dem Technologie-Sektor zurück geht. Dies zeigt die zunehmende Diversifizierung der IT-Konzerne auf und wird deutlich durch die Ausbreitung von Informationstechnologie in weitere Wirtschaftssektoren als auch andere Bereiche des täglichen Lebens. Ein Beispiel dafür ist der Automobilsektor, dort liefern IT-Konzerne einerseits nötige Soft- und Hardware für beispielsweise selbstfahrende Fahrzeuge, und andererseits nutzen große Technologiekonzerne die Elektrifizierung der Automobilindustrie, um diese Märkte mit eigenen Fahrzeugen zu erschließen. Es ist dennoch beachtlich zu sehen, dass diese Diversifizierung in andere Branchen hinein erst in den vergangenen zehn Jahren stattgefunden hat und davor eher eine untergeordnete Rolle spielte.

Zusammenfassend lässt sich das M&A Verhalten der IT-Branche dadurch charakterisieren, dass überwiegend kleine innovative Unternehmen von größeren etablierten Konzernen ihrer entsprechenden Region und Branche akquiriert werden. Darüber hinaus gestalten sich die M&A Aktivitäten im IT-Bereich sehr divers und Unternehmen nutzen M&As auch um international andere Märkte zu erschließen und ihr Angebot zu diversifizieren. Die gekauften Unternehmen werden dabei integriert, um die operativen Tätigkeiten zu unterstützen und das eigene Angebot an Technologien und Services zu erweitern.

7.2 Branchendynamik & -Zyklus

Mit diesen Erkenntnissen lässt sich außerdem auch der zweite Teil der Forschungsfrage beantworten. Denn das aktive M&A Verhalten spiegelt auch den hohen Druck der Branche wider, wobei stetige Innovation und Anpassung an den Markt notwendig sind, um wettbewerbsfähig zu bleiben, wofür M&As ein adäquates Mittel darstellen. Damit lässt sich entsprechend darlegen, dass sich die hohe Branchendynamik auch im M&A Verhalten widerspiegelt.

Genauer wird dies in den exponentiellen Wachstumsphasen der 1990er Jahre im Westen und 2010er Jahre in China deutlich, aus denen auch einige der größten M&A Deals der Geschichte hervorgegangen sind. Es ist dabei ebenfalls interessant, dass diese Wachstumsphasen bereits mit einer entsprechend starken M&A Aktivität aus der Branche heraus einhergingen. Darüber hinaus ging die M&A Aktivität zwar ab Mitte der 2000er Jahre, gemessen an der absoluten Häufigkeit der Deals je Jahr, zurück, blieb aber insgesamt auf einem hohen Niveau mit einem im Mittel steigenden Dealwert.

Anhand dieser Entwicklungen konnte aber auch gezeigt werden, dass die IT-Branche einem typischen Industrie-Lebens-Zyklus unterliegt, bei dem auf eine starke Wachstumsphase ein Shake Out folgt, der wiederum den Übergang zu einer etablierten Industrie markiert. Was, interessanterweise, die Einzigartigkeit dieser hoch dynamischen Branche etwas dämpft. Denn heute ist die Technologiebranche trotz ihres unsicheren, schnelllebigen und hoch-technologisierten Charakters, eine etablierte Industrie, die ihre Aktivitäten zunehmend auf andere Bereiche ausweitet und bei der die Dynamik ähnlich wie die M&A Aktivität etwas nachzulassen scheint, auch wenn die jüngsten Innovationen eine Trendwende andeuten.

7.3 Ausblick und Raum für weitere Studien

Diese Innovationen, wie Große Sprachmodelle oder Bildgeneratoren basierend auf künstlicher Intelligenz, sind jedoch nicht im erweiterten Betrachtungszeitraum dieser Arbeit enthalten und lassen damit, trotz der bereits umfangreichen Analysen, Raum für weitere Studien.

Der Betrachtungszeitraum könnte, mit genügend Abstand zu den Auswirkungen der COVID-Pandemie, um weitere fünf bis zehn Jahre ergänzt und mit den Ergebnissen dieser Arbeit verglichen werden. Darüber hinaus könnten auch noch weitere Variablen herangezogen werden, die die Auswertungen um neue Dimensionen erweitern. Ein weiterer Punkt wäre es die Motive der M&A Deals tiefer zu analysieren beispielsweise in Bezug auf die Verteilung nach Region oder Industrie.

Letztlich konnte diese Arbeit die Erkenntnisse bisheriger Studien weitgehend bestätigen und um neue Betrachtungsweisen zu High-Tech M&As nachhaltig ergänzen. Dieses sehr diverse dynamische Feld *vollumfänglich* zu beschreiben, ist jedoch im Rahmen dieser einzelnen Arbeit – und vermutlich auch weiterer Studien – nicht möglich.

Literaturverzeichnis

Alphabet Inc. *Form 10-K* [Pressemitteilung]. https://abc.xyz/investor/

BATTALIO, R. & SCHULTZ, P. (2006). Options and the Bubble. *The Journal of Finance*, *61*(5), 2071–2102. https://doi.org/10.1111/j.1540-6261.2006.01051.x

Baumann, U. (5. März 2022). Update für das Sony-Honda-Auto. https://www.auto-motor-und-sport.de/verkehr/honda-sony-afeela-elektroauto/

BENA, J. A. & LI, K. A. (2014). Corporate Innovations and Mergers and Acquisitions. *The Journal of Finance*, *69*(5), 1923–1960. http://www.jstor.org/stable/43612948https://doi.org/10.1111/jofi.12059

Benninghaus, H. (2007). *Deskriptive Statistik*. VS Verlag für Sozialwissenschaften. https://doi.org/10.1007/978-3-531-90739-0

Benou, G. & Madura, J. (2005). High-tech acquisitions, firm specific characteristics and the role of investment bank advisors. *The Journal of High Technology Management Research*, *16*(1), 101–120. https://doi.org/10.1016/j.hitech.2005.06.006

Bocksch, R. (26. Juli 2024). Verlagerung der globalen Chip-Produktion. *Statista*. https://de.statista.com/infografik/32717/weltweite-kommerzielle-halbleiterproduktionskapazitaet-nach-laendern/

Cassiman, B., Colombo, M. G., Garrone, P. & Veugelers, R. (2005). The impact of M&A on the R&D process: An empirical analysis of the role of technological- and market-relatedness. *Research Policy*, *34*(2), 195–220. https://doi.org/10.1016/j.respol.2005.01.002

Cassiman, B. & Veugelers, R. (2002). R&D Cooperation and Spillovers: Some Empirical Evidence from Belgium. *The American Economic Review*, *92*(4), 1169–1184. http://www.jstor.org/stable/3083305

CERN. (2024, 25. September). *A short history of the Web*. https://home.cern/science/computing/birth-web/short-history-web

Eurostat. (2024, 2. Oktober). *Statistische Systematik der Wirtschaftszweige (NACE)*. https://ec.europa.eu/eurostat/de/web/nace

Fama, E. F. & French, K. R. *Detail for 48 Industry Portfolios*. https://mba.tuck.dartmouth.edu/pages/faculty/ken.french/Data_Library/det_48_ind_port.html

FTSE Russell. (2024, 2. Oktober). *Industry Classification Benchmark (ICB)*. https://www.lseg.com/en/ftse-russell/industry-classification-benchmark-icb

B. Engelhardt, *Globale IT-Konzerne: Giganten einer schnelllebigen Branche*, BestMasters, https://doi.org/10.1007/978-3-658-49620-3

Hagedoorn, J. & Duysters, G. (2002). The Effect of Mergers and Acquisitions on the Technological Performance of Companies in a High-tech Environment. *Technology Analysis & Strategic Management, 14*(1), 67–85. https://doi.org/10.1080/09537320220125892

Hart, O. & Holmstrom, B. (2010). A THEORY OF FIRM SCOPE. *The Quarterly Journal of Economics, 125*(2), 483–513. http://www.jstor.org/stable/27867488

Höpner, M. & Jackson, G. (2001). Entsteht ein Markt für Unternehmenskontrolle? Der Fall Mannesmann. *Leviathan, 29*(4), 544–563. https://doi.org/10.1007/s11578-001-0034-6

IfD Allensbach. (2023). *Internetnutzer in Deutschland nach Endgeräten der Internetnutzung im Jahr 2023 [Graph].* https://de.statista.com/statistik/daten/studie/940649/umfrage/umfrage-unter-internetnutzern-zu-endgeraeten-der-internetnutzung/

Joseph L. Bower (2001). Not All M&As Are Alike – and That Matters. *Harvard Business Review, 79*(3), 92–101.

K. BRUNNERMEIER, M. & NAGEL, S. (2004). Hedge Funds and the Technology Bubble. *The Journal of Finance, 59*(5), 2013–2040. https://doi.org/10.1111/j.1540-6261.2004.00690.x

KLEPPER, S. (1997). Industry Life Cycles. *Industrial and Corporate Change, 6*(1), 145–182. https://doi.org/10.1093/icc/6.1.145

Klepper, S. (2018). Product Life Cycle. In *The New Palgrave Dictionary of Economics* (S. 10812–10815). Palgrave Macmillan, London. https://doi.org/10.1057/978-1-349-95189-5_2851

Kohers, N. & Kohers, T. (2000). The Value Creation Potential of High-Tech Mergers. *Financial Analysts Journal, 56*(3), 40–51. https://doi.org/10.2469/faj.v56.n3.2359

Kuckartz, U. (2013). *Statistik: Eine verständliche Einführung* (2., überarb. Aufl.). *Lehrbuch.* Springer VS. https://doi.org/10.1007/978-3-531-19890-3

LSEG. *Data & Feeds.* https://www.lseg.com/en/data-analytics/market-data

Meta Platforms Inc. (2024, 2. Februar). *Form 10-K* [Pressemitteilung]. https://investor.fb.com/financials/

Microsoft Corporation. (2024, 30. Juli). *Form 10-K* [Pressemitteilung]. https://www.microsoft.com/en-us/investor/sec-filings

MSCI. (2024, 2. Oktober). *GICS® – Global Industry Classification Standard – MSCI.* https://www.msci.com/our-solutions/indexes/gics

O'Brien, P. C. & Tian, Y. (2006). Financial Analysts' Role in the 1996-2000 Internet Bubble. *SSRN Electronic Journal.* Vorab-Onlinepublikation. https://doi.org/10.2139/ssrn.964311

Phillips, G. M. & Zhdanov, A. (2012). R&D and the Incentives from Merger and Acquisition Activity. *Review of Financial Studies, 26*(1), 34–78. https://doi.org/10.1093/rfs/hhs109

Ranft, A. L. & Lord, M. D. (2002). Acquiring New Technologies and Capabilities: A Grounded Model of Acquisition Implementation. *Organization Science, 13*(4), 420–441. https://doi.org/10.1287/orsc.13.4.420.2952

Rossi, M., Yedidia Tarba, S. & Raviv, A. (2013). Mergers and acquisitions in the hightech industry: a literature review. *International Journal of Organizational Analysis, 21*(1), 66–82. https://doi.org/10.1108/19348831311322542

SAP SE. (2024, 29. Februar). *SAP Annual Report in Form 20-F: Form 20-F* [Pressemitteilung]. https://www.sap.com/investors/sap-2023-annual-report-form-20f

Statista. (2024). *Größte Unternehmen der Welt nach Marktkapitalisierung im Jahr 2024: (in Milliarden US-Dollar; Stand: 04. Oktober).* https://de.statista.com/statistik/daten/studie/12108/umfrage/top-unternehmen-der-welt-nach-marktwert/

Tencent Holdings Limited. (2011, 10. August). *Interim Report 2011* [Pressemitteilung].

Xiaomi. (2024, 6. Oktober). *Xiaomi SU7: Ein revolutionäres Erlebnis mit EV*. https://www.mi.com/de/discover/article?id=4081&srsltid=AfmBOoq5xaIvP0A9vbRbla9oGMpDLjnMv7no9vmJW_fYl71uDRsaY1JL

Zhao, X. (2009). Technological Innovation and Acquisitions. *Management Science, 55*(7), 1170–1183. http://www.jstor.org/stable/40539204